일제 말기 여성동원 선□

동북아역사재단
NORTHEAST ASIAN HISTORY FOUNDATION

　일본제국주의의 식민 침탈에서 벗어난 지 75년이 되었지만, 그 역사가 아직도 한일 관계에서 큰 걸림돌로 작용하고 있습니다. 21세기에 들어 일본 정부의 독도 영유권 주장은 점차 도를 더해가고 있으며, 최근에는 일제의 강제동원 문제와 한국 대법원 판결, 일본군'위안부' 문제 해결 방안 등으로 갈등이 불거졌습니다. 급기야 그 불이 무역 분쟁, 안보 문제까지 옮겨 붙었습니다.

　한일 간의 역사 문제는 우선 '식민 지배'라는 역사를 어떻게 볼 것인가 하는 역사인식에서 기인합니다. 우리는 언제나 오늘날의 입장에서 과거의 역사를 바라보고, 다시 미래로 나아갑니다. 과거 침략의 역사를 미화하면서 평화로운 미래를 얘기하는 것은 불가능합니다. 식민 지배로 인한 잘못을 인정하고 반성하지 않으면 다시 전쟁이 일어날 위험성이 있고, 인권을 존중하지 않는 군국주의 부활을 획책할 수도 있습니다. 따라서 역사를 보는 미래지향적 인식이 필요하고, 이를 한일 양국이 공유해야 할 것입니다.

　다음, 지금의 한일 역사 문제는 '과거'의 '사실'이 명확하게 규명되지 않은 것에서 연유한 점이 있습니다. 해방된 이후, 일제강점기에 대한 개인적인 연구는 다수 이루어졌으나, 학계나 정부 차원에서 식민 지배의 실상을 체계적으로 연구 정리하고, 관계되는 자료집을 모아 정리하지 못하였습니다. 지금까지 항일, 독립운동사에 대한 연구와 자료집은 많이 출간되었지만, 일제의 통치 자체를 정리하지 못한 것입니다.

또한 일제의 식민 침탈의 실상을 국민에게 알리고 교육하는 것도 체계적이지 않았습니다. 초등학교에서 고등학교에 이르는 학교의 역사교육은 나름대로 성과가 있었지만, 일반 시민교육에는 사실 무관심하였습니다. 그러자 최근에는 일제의 한반도 강점과 식민 지배로 인한 피해를 부정하는 인식 아래 일제강점기에 한반도가 근대화되었고, 수탈이나 강제동원은 꾸며진 이야기라고 주장하는 책이 시중에 나오기도 했습니다. 역사인식이 명확하지 않았던 일부 국민들이 여기에 호기심을 가졌고, 또한 이를 넘어 찬동하는 사태도 일어났습니다. 이런 책에서 부정한 것은 일제 침탈의 역사뿐만 아니라 항일 독립운동의 역사, 나아가 우리 민족사 전체입니다.

우리 학계는 일찍부터 일제 침탈의 역사를 체계적·객관적으로 정리해야 한다는 점을 잘 알고 있었지만, 차일피일 미루다가 너무 많은 시간이 흘렀습니다. 이에, 더 늦기 전에 우리 재단이 중심이 되어 한국 학계의 힘을 모아 일제침탈사 연구를 집대성하고, 관련된 자료를 수집하여 체계적으로 정리하고, 일제 침탈 실상을 바로 알리기 위한 국민 대상의 교양서 발간을 기획하게 되었습니다. 2020년부터 사업을 시작하였고, 앞으로 몇 년에 걸쳐 이를 수행할 예정입니다. 일제침탈사 편찬사업은 크게 세 부분으로 나누어 (1)일제 침탈의 전모를 학문적으로 정리한 연구총서(50권),

(2)문호개방 이후 일제강점기에 이르는 기간의 일제침탈 자료총서(100여 권), 그리고 (3)일반 국민이 일체 침탈을 올바르게 알 수 있는 주제를 쉽게 풀어쓴 교양총서(70여 권)로 구성하고자 합니다.

그동안 일제의 침탈상을 밝히려는 연구가 없었던 것은 아닙니다. 관련 자료집도 여러 방면에서 편찬된 바 있습니다. 그러나 모든 분야를 망라하여 학계의 연구 성과를 종합하고 관련 자료를 편찬하는 일은 이번이 처음입니다. 무엇보다 일반 시민들이 과거 제국주의 시대 우리가 겪었던 침략과 수탈의 역사를 또렷하게 직시할 수 있게 하는 종합 자료집은 드물었습니다. 따라서 정치·경제·사회·문화 등 모든 방면에 걸쳐 침탈의 역사를 알기 쉽게 기록하고 그에 대응한 자료를 모아 번역함으로써 시민들에게 일제 식민 지배의 실체와 침탈의 실상을 전하고자 합니다.

『일제 말기 여성동원 선전논리』는 일제침탈사 바로알기 교양서 시리즈 중 하나로 일본이 침략전쟁을 수행하는 과정에서 조선 여성을 동원하기 위해 어떠한 선전을 하고 있었는지, 여성에게 강요된 전시 생활은 어떤 것이었는지 그리고 전쟁을 위해 조선 여성에게 요구한 역할은 무엇이었는지 등을 신문, 잡지, 구술자료 등을 통해 살펴보았습니다.

일제 말기가 되면 다수의 조선 여성들은 아동, 부인, 학생 할 것 없이 각종 노무에 동원되었습니다. 일본의 군수공장 등으로 동원된 여성들도 있었습니다. 남성뿐 아니라 여성들도 일제의 목적과 필요에 따라 다양한 형태와 방식으로 동원되었던 것입니다. 일제는 이를 원활히 하기 위해 적극적으로 정책을 선전하고 의식을 주입하고자 하였습니다.

일제에 의해 강제동원되었던 여성 피해자들은 여전히 고통스럽게 당시를 기억하고 있으며 이 문제를 해결하기 위해 고군분투 중입니다. 잊지 않고 기억하는 것, 그러한 노력은 이러한 역사를 다시 되풀이 하지 않기 위해 반드시 필요한 일입니다. 아무쪼록 이 책이 이러한 노력의 작은 발걸음이 되기를 바랍니다.

2021년 3월
동북아역사재단 이사장

발간사 • 2

들어가며 • 8

I. 전쟁의 본격화와 조선 여성

1. '국가총동원법' 이후 확대되는 여성동원 • 14

2. 여성동원 선전의 목적 • 23

II. 만들어지고 강요된 전시 여성상

1. 모성보호정책 부재 속 '모성' 강조 • 28

2. 전시가정에 부여된 여성의 책무 • 31

3. 파괴적 모성을 강요하다 • 40

4. 가정 밖으로 나오라! • 44

5. 시국 인식의 주입과 '부인계발' 강조 • 47

Ⅲ. 전쟁에 던져진 조선 여성들

1. 전쟁 수행을 위한 신체 만들기 • 52

2. 근로작업에 동원된 여학생들 • 55

3. '전사(戰士)'가 되어라 • 59

4. 군인을 위문(위로)하라 • 63

5. 전장의 '백의천사', 종군간호부 • 66

Ⅳ. 일제의 기만적 선전과 동원, 그리고 끝나지 않은 이야기

1. 현지시찰보고회·편지·수기에 감춰진 진실 • 72

2. '정신대는 징용이 아니다'라는 언술의 이면 • 76

3. 거짓된 선전논리 속 동원된 소녀들 • 80

4. 그녀들은 말할 수 없었다 • 84

나가며: 전쟁 도구가 된 식민지 조선 여성들 • 88

참고문헌 • 91

찾아보기 • 94

....

들어가며

일제강점기 연구자로서 '그 시대에 태어났다면 나는 그 엄혹한 시절에 어떤 선택을 할 수 있었을까'라는 상상을 가끔 해본다. 선택이라는 것을 할 기회는 있었을까. 특히 '여성으로서 그 시대를 살았다면'이라는 생각을 하게 되면 단지 스쳐가는 생각일 뿐임에도 순간 주저하게 된다. 아마도 그것은 식민지, 침략전쟁 등이 여성들에게 얼마나 참혹했는지를 알고 있기 때문일 것이다. 나의 할머니, 그리고 우리네 할머니들이 직접 경험하고 버텨온 그 시대는 분명 실재했던 역사이다. 각자가 놓인 조건에 따라 경험의 내용과 기억들은 다를 수 있지만 식민지라는 현실과 일본의 침략전쟁이 야기한 각종 통제와 동원, 일상의 변화는 당대 여성들의 삶과 분리될 수 없는 것이었다.

어떤 역사적 사실은 마주하는 것조차 힘든 경우가 있다. 식민지, 강제, 통제, 트라우마, 폭력 등이 주요 키워드일 경우, 특히 전쟁과 연관된 것일 경우 그럴 가능성이 높다. 그럼에도 불구하고 아프고 마주하기 고통스러운 역사를 대면해야 하는 것은 다시는 그런 일이 반복되지 않기를 희망하기 때문이다.

일제시대 여성동원과 관련한 연구가 본격화된 것은 동시대 다른 연구 분야(경제사, 정치사 등)에 비해 그리 오래되지 않았다. 이 주제에 대한 연구가 본격적으로 확대된 것은 동원의 양상(일본군'위안부', 조선여자근로정신대 등)이 드러나기 시작하고, 정부 조사에 의해 국내외 여성동원 피해 사실이 확인되면서부터다.

여기서는 일제가 침략전쟁을 위해 조선 여성에게 어떠한 전시 여성의 역할을 요구했는지 그리고 이를 위한 각종 선전 및 통제의 내용은 무엇이었는지 등을 살펴볼 것이다. 이를 통해 일제 말기 여성동원에 대한 이해의 폭을 넓히고자 함이다(그러나 여성동원의 한 범주인 일본군'위안부'는 여기서 다루지 않는다. 단독 주제로 단행본이 발간된 바 있다).

일제는 전쟁 수행을 위해 식민지 조선의 인적 자원을 동원하고자 했다. 여성도 예외는 아니었다. 동원을 위해 일제는 각종 선전논리를 내세우고 다양한 방식으로 선전을 도모하며 아동, 가정부인 등 할 것 없이 모두 동원의 대상으로 삼았다. '국가총동원법' 이후 이러한 양상은 더욱 강화·확대되어갔다.

가정에서는 전시생활을 담당하는 부인이 될 것을 요구했으며, 학생은 근로정신대 등으로 동원하고자 했고, 국가에 자식을 바칠 수 있는 충성스러운 어머니가 될 것 등을 강요했다. 이러한 과정 속에서 공장, 농장, 산업현장 등으로 여성들이 (노무)동원되기도 했다. 그리고 일상에서는 전쟁 수행을 위한 위문(위로)과 공출 등이 반강제적으로 이루어졌다. 일제의 침략전쟁은 남성뿐 아니라 여성에게도 희생을 강요했다.

이 책은 4개의 장으로 구성되었으며 각 장에서는 소주제별로 세분화하여 일제 말기 여성동원 선전논리의 구체적인 모습을 드러내고자 했다.

I장에서는 여성동원의 기저를 파악할 수 있는 배경을 이해해보고자 '국가총동원법' 이후 동원정책 속에서 확대·강화되는 여성동원의 양상을 관련 법령, 규정 등을 통해 살펴본다.

II장과 III장에서는 일제가 식민지 조선 여성에게 요구했던 여성상의 변화, 침략전쟁을 위해 조선 여성에게 요구한 역할 등을 살펴봄으로써 일제가 가졌던 조선 여성에 대한 본질적인 인식의 기반 등을 파악한다. 이 장을 통해 가정부인에게 강요된 가정의 책무, 군국의 어머니가 되라는 요구, 가정 내에서뿐만 아니라 광산이나 토목공사장, 공장 등 가정 밖의 노동에도 임할 것을 강조하는 선전, 조선여자근로정신대·종군간호부 등으로 지원할 것 등 전쟁 수행을 위해 일제가 강요한 각종 전시 여성상의 양상을 살펴볼 것이다.

IV장에서는 현지시찰보고회, 편지, 수기 등의 선전 방식 및 동원과 관련한 선전 등에 표현된 언술 등을 살펴본다. 여기서는 기존의 구술자료를 토대로 여성동원 피해자들의 현실 문제와 그들이 처했던 이중의 고통에 주목한다.

역사를 통해 우리는 지난날의 시간과 공간 그리고 그 안의 사람들이 살아온 과정과 경험을 이해할 수 있게 된다. 그리고 이를 통해 앞으로 우리가 살아가야 할 방향성을 고민해볼 수 있다. 아무쪼록 이 책이 일제강점기 조선 여성들이 살아온 과정과 경험 등을 들여다보고 이해할 수 있는 기회가 되기를 바란다. 특히 일본의 침략전쟁에 내던져진 수많은 조선 여성들이 있었다는 사실, 그리고 아직도 그 고통이 끝나지 않은 이들이 있다는 것을 잊지 않았으면 한다.

Ⅰ

전쟁의 본격화와
조선 여성

1
....
'국가총동원법' 이후 확대되는 여성동원

일제강점기 식민지 조선 여성의 삶은 어떠했을까? 식민지라는 현실은 당시를 이해하는 주요한 배경이다. 일제 말기 조선 여성의 삶을 이해하기 위해서는 당시 사회·경제적 배경을 이해할 필요가 있다. 일제시대를 배경으로 한 드라마나 영화에서 등장하는 '모던보이', 단발과 양장에 양산을 쓴 '모던걸'도 물론 일제시대에 존재했다. 그런데 일제시대를 살았던 대다수 사람들의 삶은 도시의 모던보이, 모던걸의 생활과는 완전히 달랐다. 일제시대에 나타난 근대적 변화의 한 모습이 그 시절의 전부는 아니다.

식민지하 가족법은 1912년 민사령 제정 이래 1939년까지 세 차례의 개정을 거쳤고 그 결과 호주제도를 도입하게 되었다. 남성 호주를 중심으로 한 호적제도는 호주에게 강력한 가족지배권과 법적 대표권을 부여했다. 호주제에 의해 조선 여성은 호주인 남성의 지배를 받게 되었고, 일제의 식민통치 속에서 한반도가 천황제 국가체제로 예속되면서 가부장제는 더욱 심화되었다.

1910~1940년대 대다수의 여성들은 농수산업에 종사했으나 당시 산업구조 변화 속에서 공업부문에서 일하는 여성 노동자들이 등장했다. 이들은 제사·직물업, 방직업 등에 집중되어 있었다. 산업별 유업자의 분포를 보면 일제시대 전체적으로 남녀 모두 농업부문에 집중되어 있었다.

일반적으로 공업분야를 포함해 새롭게 형성되는 근대적 직업분야에 진출하는 비율은 낮았으나 공업과 상업교통업, 공무자유업 등 새로운 영역의 직업분야가 나타났다(자료 1). 의사, 화가와 같은 전문직 여성이 등장하고 데파트걸, 교환수, 간호부, 여교원 등도 일제시대 새로 등장한 여성 직업군 중 하나였다.

식민지 산업화 과정을 통해 여성들은 도시를 중심으로 새로운 근대 직업으로의 참여를 서서히 확대해나갔다고 할 수 있다. 그러나 아직 그런 여성들은 극히 소수였다.

다수의 식민지 조선 여성들은 농촌을 기반으로 생활했고 먹고사는 것을 걱정해야 하는 궁핍한 생활을 했다. 그들은 빈곤에서 벗어나기 위해 가사노동, 생산노동, 부업 등 생존을 위한 노동에 시달렸다(자료 2, 자료 3). 경제적 빈곤으로 인해 농촌을 떠나 공장 노동자가 된 여성들도 열악한 환경에서 노동을 했으며 각종 통제와 낮은 임금 등의 착취구조 속에 놓여 있었다. 일제는 여성들을 사회적 노동에 적극 동원하여 자본주의적 착취를 함과 동시에 가부장제 이데올로기를 정착시켜나갔다.

빈곤으로 인해 이농하는 남자들이 증가하여 농가에서는 여성의 노동력이 중요해졌다. 일제는 부족한 노동력을 메우기 위해 1930년대 이후 각종 부인회 등을 통해 여성들을 근로에 동원하기 시작했다. 이렇듯 조선의 농촌 여성은 가정 안팎의 노동과 자녀 양육, 봉건적 관습 등에 얽매여 있었다.

일제 말기 물적·인적 자원에 대한 동원은 '국가총동원법'(1938. 4. 1 법률 제55호)에 근거한 것이다. '국가총동원법'은 1938년 4월 일제가 인적·물적 자원을 총동원하기 위해 제정·공포한 전시통제의 기본법을 말한다.

'국가총동원법' 제1조에서는 "본 법에서 국가총동원이란 전시(전쟁에 준하는 사변의 경우도 포함)에 국방 목적 달성을 위해 국가의 전력을 가장 유효하게 발휘하도록 인적·물적 자원을 통제 운용하는 것을 가리킨다"라고 밝혔다. 즉 이 법은 일제가 인적·물적 자원을 통제하고 운영할 수 있는 총동원체제의 기본 법률이라 할 수 있다.

1938년 5월 '국가총동원법'의 적용을 통해 조선 내에도 인적 동원을 위한 법적인 근거가 마련되었고, 조선인 남성과 여성의 노동력 동원을 위한 여러 조치들이 모색되기 시작했다. 총동원은 인적 동원뿐 아니라 각종 물자, 운수, 통신, 위생, 금융 등까지 포함하는 것이었다. 일제는 필요하면 칙령에 의해 국민을 징용할 수 있고, 국민·법인 기타 단체를 총동원 업무에 종사·협력하게 할 수 있으며, 종업자의 사용·고입(雇入)·해고, 기타 노동조건에 관한 필요 명령을 할 수 있게 되었다. '국가총동원법' 제정·공포 이후 이를 모법으로 하여 각종 통제법령 등이 공포되면서 강력한 통제체제가 구축되기 시작했다.

'국가총동원법' 이후 조선에서는 근로보국대가 조직되는데, 여성 노동력 동원은 근로보국대의 활동과도 밀접한 관련이 있었다. 근로보국대의 경우, 학생과 일반인을 구분하여 활동하도록 했는데 여학생을 비롯하여

<자료 1> 조선인 주업자의 성별(여성)·업종별 구성 비율

(단위: %)

연도	농업	공업	상업교통업	공무자유업	기타
1920	93.3	1.2	3.8	0.5	1.3
1930	91.2	1.0	3.9	0.8	3.1
1940	90.5	1.0	4.0	0.8	3.7
1942	89.1	1.4	3.8	1.1	4.6

_ 조선총독부통계연보 각 연도

<자료 2> 李晟煥, 「朝鮮의 農村女性」

농촌의 여성 앞에 무슨 광명이 있으며 무슨 희망이 있습니까. … 아침은 샛별을 이고 나가는 농부들의 아침밥을 지어주기 위하여 가마귀소리가 나기도 전에 일어나지 않으면 안 됩니다. 그러고는 등에 어린애를 업고 머리에 무거운 짐을 이고 농터로 나갑니다. … 진실로 이 세상에서 불쌍하고 약하고 학대받고 짓밟히고 차고 어두운 속에서 허우적거리는 인생이 곧 조선의 농촌 여성이다. _『朝鮮農民』제3권 8호, 1927. 8, 2~4쪽

<자료 3> 韓黑鳩, 「농촌부인은 고달프다」

한 달에 한 번이나 세수를 할까 말까. 일 년에 한 번이나 목욕을 할까 말까. 손톱, 발톱 깎지 않아도 너무 닳아져서 솔곱고 호미 쥐어 김매는 손이 발바닥과 같이 굳어졌다가 겨울에 풀려지노라면 또 차디찬 겨울물과 바람에 거칠어지고 터져 피가 날 지경이다. … _『女性』제5권 제1호, 1940. 1, 97쪽

일반 여성들 또한 근로보국대를 통해 노동력으로 공출되었다.

일제는 부인근로단을 조직하여 여성의 노동을 장려하고 농번기이앙, 제초작업 등에 여성을 동원하고자 했다. 1940년 일제는 노동력 수요가 증가함에 따라 총동원과 관련하여 조선에서 인적 자원에 대한 동원계획을 수립하고 조선 내에서 활용할 수 있는 유휴노동력(생산 부문에 동원되지 않고 놀고 있는 노동력)을 파악하기 시작했다. 노무자원조사를 통해 동원 가능한 조선인 남녀 노동력에 대한 조사를 실시했는데 남성의 경우 20~30세, 31~40세, 41~45세의 연령대를 조사 대상으로 했고, 여성의 경우 12~19세를 조사 대상으로 했다(자료 4).

이 조사를 통해 조선총독부는 12~19세 미혼 여성 중 출가 가능한 수를 총 23만 2,641명으로 집계했다. 일제는 노무자원 조사를 통해 동원 가능한 잠재적 대상의 수를 파악했던 것이다.

'국가총동원법' 이후 여성에 대한 동원은 관련 법제 등을 통해 점차 확대·강화되었다. 이와 관련한 법제는 '여자광부갱내취업허가제(1941. 10)', '국민근로보국협력령(1941. 11)', '생산증강노무강화대책요강(1943. 10)' 및 '여자정신근로령(1944. 8)' 등이 있다.

이들 법제에는 어떤 내용이 담겨 있을까. 1941년 4월 '여자광부갱내취업허가제'는 여성도 갱내에서 일할 수 있도록 허가한 것이다(자료 5). 광물자원 획득을 위한 노동자 수요를 확보하기 위하여 1941년 '여자광부갱내취업허가제' 특례를 통해 여성도 갱내에서 작업할 수 있도록 한 것이다.

같은 해 11월 '국민근로보국협력령'은 근로 능력이 있는 국민 전부를 국가의 중요한 업무에 동원시킬 목적으로 근로보국대의 동원을 강화하는 조치이다. 이에 따르면 '국민근로보국협력령'의 적용을 받는 여성의 범

〈자료 4〉 조선총독부 내무국 사회과, 「노무자원조사」

노무자원조사(勞務資源調查)는 내무국(內務局)의 요청에 따라 각 도지사가 올린 보고서이다. 내무국이 밝힌 조사보고의 목적은 '조선 내 노동력의 수요와 공급을 원활히 하고, 군수산업을 비롯한 시국산업의 강화'였다. 조사보고 내용은 노무자원조사서, 이상호수 및 과잉호수조서, 노동자출가 및 노동전업가능자수조서, 노동출가 및 노동전업희망자수조서, 노무자원조서표 등이다. 이들 내용은 각각 지정된 양식에 의거하여 도내 군별, 성별로 작성되었다.

_ 朝鮮總督府 內務局 社會果, 『昭和15年 勞務資源調查に關する件』, 1940, 국가기록원

〈자료 5〉「여자도 광업전사로」명일, 갱내취업허가의 부령 발포

　　종래 광산의 갱내취로는 원칙으로 14세 이상의 남자에만 한하여 허가하였고 여자의 갱내 취로는 금지되었던 것인데 작금의 정세와 및 업계의 요망에 따라 특별한 사정이 있는 핑신에 대하여는 조선총독의 허가를 얻어가지고 만 16세 이상의 여자만은 갱내에서 일을 시킬 수 있도록 함에 따라 그래서 19일부 부령으로 이를 발표하고 즉일부터 시행하기로 되었는데 …

_『매일신보』, 1941. 4. 19

… 부인노동에 대해서는 노무자 일반 여성, 주부 및 모성으로서 취급된다. 이것은 상식적인 취급의 방향이지만, 이 문제의 중요성은 이미 이 세 가지 점이 가지고 있다. … 특히 〈전시하 부인노동〉에 있어서는 1) 부인노무의 광범위한 진출 2) 군수 및 생산력 확충 산업의 노무 강화 3) 평화산업의 억제와 노무 이동 4) 물자 부족에 의한 주부의 가사처리의 부담 증가 5) 인구 증가의 국가적 요청과 모성 보호 및 유유아 보육의 중요성 등의 점이 다시 고려되지 않으면 안된다. …

_『朝鮮勞務』 2권 2호, 1942, 13쪽

위가 14세 이상 25세 미만으로 이에 해당하는 미혼 여성은 전부 국민근로보국대로 편성된다.

'국민근로보국협력령'에 따르면 작업 내용은 총동원 물자의 생산·수리·배급에 관한 업무 및 국가총동원에 필요한 운반·통신·위생·구호 등에 관한 업무에 군사상 특히 필요한 토목건축 업무 등까지 포함된다.

이후 일제는 1943년 10월 '생산증강노무강화대책요강'을 발표하는데, 이는 모든 계층의 여성에 대한 전면적 동원의 선언이라 할 수 있다. '유휴노동력(遊休勞動力)', '불요불급노동력(不要不急勞動力)'의 군수산업 배치, '근로보국대'의 강화, 징병 검사자의 노동력 동원, 여성 노동력의 적극적 동원, 주요 도시 일용노동자의 통제, 죄수·사법보호 대상자, 포로에 대한 노동력 동원을 위한 조치였다. 요강의 주요 사항에는 "부인 동원을 강화하는 것"이 포함되어 있다.

그리고 1944년 8월 23일 '여자정신근로령'이 조선에 공포·실시되었다.

이에 따라 12세 이상 40세 미만의 여성들을 정신대로 편성하여 출동시킬 수 있게 되었다. 명령서를 받은 여성은 원칙적으로 1년간 근로의 의무가 법적으로 부여되었다.

'여자정신근로령'의 실시는 이전의 정책과는 분명히 다른 것이었다. 이 전에는 반강제적인 형태로 이루어진 각종 동원에 지원이라는 명분을 내세웠던 것과 달리 '여자정신근로령'에는 처벌규정('국가총동원법'에 의한 1년 이하의 징역 또는 천 원 이하의 벌금에 처함)을 명시함으로써 이 영에 해당하는 여성들이 거부할 수 없도록 강제했다. 주목할 것은 노무동원을 위한 여성동원의 최소연령이 점차 낮아지고 있었다는 점이다.

2

여성동원 선전의 목적

법을 기반으로 하여 하위법령 등이 만들어지고 제도화하면서 식민지 조선에서도 '총동원체제'가 본격화되었다. 총동원을 위해서 법령과 같은 제도를 마련함과 동시에 이를 식민지 조선인들이 받아들이고 실행할 수 있도록 하는 방법에 대해서도 모색해야 했다. 이를 위해 일제는 신문·잡지 등을 통한 선전뿐 아니라 영화 등을 통해서도 전쟁 동원을 위한 선전에 적극적으로 나섰다.

이러한 선전이 필요한 이유는 첫째, 전시동원체제에 순응하도록 하여 전시정책에 적극적인 협력을 유도해야 했기 때문이다. 특히 가정부인의 경우, 자녀 교육을 담당하고 있었기 때문에 가정부인에 대한 이데올로기적 공세를 통해 일제가 요구한 역할 등을 그들의 자녀에게까지 바로 확대시킬 수 있다는 점에서 의미가 있었다.

둘째, 국내외로 동원되는 남성 노동력을 대신할 여성 노동력을 확보하는 것이 중요해짐에 따라 저항 없이 순종적으로 여성 노동력을 활용할 수 있는 체제의 환경을 조성할 필요가 있었다. 전쟁을 '성전(聖戰)'으로 미화하고 이를 위해 여성도 적극 나서야 한다는 논리를 내세운 것이다. 또한 후방에서 전쟁을 지원하도록 전시가정생활체제의 정비 역할을 여성들에게 수행하게 할 필요가 있었다.

일제는 부족한 노동력을 메우기 위해 여성들도 적극적으로 근로에 나설 것을 요구했다. 근로보국대 등을 통해 농촌 부녀자들을 다양한 근로에 동원했으며, 여성들에게 가정 밖으로 나올 것을 강조했다. 식민지 조선 여성들에게 가부장제의 영향 아래 식민통치에 합당하도록 그 역할이 주어졌는데 전쟁이 본격화되면서 일제는 다양한 전시 여성의 역할을 요구했다.

전시체제 이전 순종적인 현모양처 여성을 만드는 데 주력했던 식민권력은 전쟁이 본격화되자 가정부인에게 국가의 임무를 담당하는 주체가 될 것을 요구하기 시작했다. 가정 살림과 자녀 양육에 대한 의무, 부덕(婦德)을 강조하며 자녀 양육도 국가와의 관련성 속에서 그 역할을 규정하고자 했다.

농촌 등에서는 남성의 역할을 대신한 여성의 노동이 점차 가중되고 있는 상황이었다. 일제 초기 학교 교육에서는 내조하는 여성, 아이를 잘 키우는 여성 등을 강조하며 가정 중심적 이데올로기를 표면적으로 내세우고 있었다. 그런데 전시가 본격화되면서 이러한 정책논리는 달라지기 시작했다.

일제는 여성들에게 '공동작업'과 '옥외노동'을 강조하면서 한편으로 전시경제하의 가정생활을 유지하는 역할 및 가정의 책무(자녀 교육 등) 등에 소

홀히 하지 말 것을 요구했다. 또한 여성들에게 시국에 대해 각성할 것을
촉구했다. 전시체제로 들어가면서 농촌진흥운동 시기에 형성된 부인단
체, 부인작업, 공동작포 등은 더욱 확충되었고 여성의 생활은 다방면에서
통제되어갔다.

II

만들어지고 강요된
전시 여성상

1

모성보호정책 부재 속 '모성' 강조

일제는 전시체제가 되면서 전쟁 지원 논리의 일환으로 여성에게 '군국의 모성'을 강조했다. 이는 '모성'의 일반적 의미(여성이 어머니로서 가지는 정신적·육체적 성질. 또는 그런 본능을 말함)에 식민권력의 정치적 의도가 개입된 개념이다. 임신, 출산, 양육 등 지극히 사적인 영역조차 국가의 통제와 간섭을 받게 된 것이다.

일본의 경우 1938년 1월 '모자보호법'이 마련되고 후생성이 설립된 후 체력국에서 모자보건 문제를 담당했다. 1941년 8월 후생성에는 인구국이 설치되고 인구국에 모자과(母子課)가 만들어졌다. 1942년 3월 후생성은 모자보호법에 근거해 생활부조, 양육부조, 생업부조의 급여 한도액을 인상했다. 일본에서는 후생성이 설치된 이후 계속 유지되면서 관련 정책을 만들고 관리했다.

조선의 경우는 어떠했을까. 조선은 1941년 11월에 후생국이 신설되어 보건과, 위생과, 사회과 및 노무과를 두었다. 이 중에서 보건과가 모성 및 유유아(乳幼兒)의 보건에 관한 사항을 담당하도록 사무가 분장되어 있었으나, 일본 후생성 모자과와 같은 역할을 하는 부서는 설치되지 않았다. 1942년 11월에는 후생국마저 폐지되었다.

후생국 보건과에서 다루던 업무들 중 일부는 1942년 11월에 개편된 위생과로 이관되었지만, 1942년 11월 이후 조선에서 모성 및 유유아 보건을 담당할 부서는 지정되지 않았다. 일본의 경우 후생성이 계속 유지되고 있던 것과는 대조적인 상황이었다.

1942년 7월 『매일신보』 기사에서 총독부 후생국은 인적 자원을 확보하기 위해 "임산부 보호와 육아 지도를 철저히 하야 튼튼한 애기를 나어 씩씩하게 기르는 것이 특히 요구"된다고 했으나 불과 4개월 후 후생국을 폐지했다.

일제는 조선에서 다산을 강조하고 유유아의 건강의 중요성을 선전했다. 아동애호주간을 실시하고, 각 지역별 우량아동의 표창 등을 시행하는 등 아동을 잘 길러서 인적 자원으로 활용해야 한다고 주장했다. 그러나 임신·출산 등과 관련하여 조선에서는 일본과 같이 검진을 의무화하고 모체를 관리·보호하는 조치는 시행하지 않았다. 조선에서는 일본과 비교해볼 때 모성과 유유아를 위한 실질적인 정책은 거의 시행되지 않았고 주로 캠페인성 행사 등에 치중했다(자료 7).

인적 자원을 동원하기 위한 논리로 '모성'을 활용하면서 정작 조선 여성을 위한 모성보호 정책에는 관심이 없었던 것이다. 조선에서는 후생국이 폐지되고 기존의 후생국 하부조직이었던 노무과는 계속 유지되었다. 이는 일제가 조선에서 모성 및 유유아 보건보다 노동력 확보를 우선시

_국립민속박물관

했다는 것을 보여준다.

　　일제는 일본 여성에 대해서는 모성으로서 보호해야 할 대상으로 여겼지만 조선 여성에 대해서는 그렇지 않았다.

2

##########

전시가정에 부여된 여성의 책무

일제는 전시체제를 유지하기 위해 가정의 생활을 전시생활체제로 바꾸고자 했다. 가정생활도 전쟁에 임하듯이 정비할 것을 강조했다. 일제 말기 전쟁에 동원된 남성들이 증가하면서 가정에서는 남성 부재가 심화될 수밖에 없었다. 이에 가정생활의 책임은 거의 여성이 담당해야 했다. 일제는 여성들이 전시가정생활체제의 주체로 나서야 한다고 주장했다. 이를 위해 가정 살림, 자녀 양육 등에 대해 그들이 요구하는 각종 방법 등을 선전하고 이에 따를 것을 종용했다.

전시체제가 되자 식민권력은 가정부인을 국가의 임무를 담당하는 주체로 내세우기 시작했다. 전쟁을 원활하게 수행하기 위하여 (기혼)여성에게 가정주부로, 어머니로, 때로는 부족한 노동을 보충하는 노무자로 조선 여성의 역할을 규정하고자 했다. 이미 농촌 등에서는 남성의 역할을 대신하여 여성의 노동이 가중되고 있는 상황이었다.

전시가정의 책무는 가정 살림과 자녀 양육에도 적용되는데 살림을 꾸리는 방식과 자녀를 양육하는 행위조차 사적인 것이 아니라 공적인 것으로 규정되었다. 맹목적으로 강요되는 절약, 의복의 통제, 반찬 가짓수의 제한 등 각종 통제를 통해 전시생활을 책임져야 한다는 사명감을 가지고 '총후(銃後: 전장의 후방을 의미)'생활에 순종하는 여성이 되라고 했다. 이는 가정 안에서 기존의 여성들이 담당했던 역할에 전시생활을 위한 책무까지 부가한 것이다. 1940년대가 되면 단순히 가정을 유지하는 역할의 '소극적 관념에서' 벗어나 '총후의 전사'가 될 것을 요구했다.

여성을 동원하기 위해서는 그들을 노동현장으로 끌어낼 수 있는 명분이 필요했다. 이에 따라 전시가정경제를 담당하는 여성의 역할은 유지하되, 노동현장에서 여성의 역할까지 강조하기에 이른다. 이러한 선전논리는 단순 구호에 그치지 않고 실제 조선 여성에 대한 노동력 동원으로 이어졌다.

일제는 전시체제를 지탱하기 위해 가정질서의 재편성을 시도했다. 가정부인은 가정생활에서 가족 구성원 전체가 전시동원정책에 순응하여 불만을 드러내지 않도록 조정하는 역할을 해야 했고, 궁핍한 생활과 부족한 생활배급에도 이를 감내하도록 요구받았다. 각종 선전을 통해 가정부인들이 이러한 역할의 주체가 되어야 한다고 강조했다.

전시하 여성들은 가정 안팎으로 전쟁 수행을 위한 역할을 강요받았다. 일제는 전시통제경제 아래 생활필수품의 배급과 물자가 부족한 상황을 참고 견딜 수 있는 정신력을 요구했다. 가정 살림은 말할 것도 없고 저금, 각종 헌금, 공출 등 전쟁을 지원하기 위한 각종 방책을 수행해야 했다. 이는 전 조선인에 해당하는 것이었지만 특히 가정 살림을 하는 여성들에게

<자료 8> 「전시와 가정 – 가정은 국가의 뿌리」

　가정을 맡은 자는 가정만을 맡은 것이 아니라 가정을 잘 처리함으로 국가에 큰 봉공이 되는 것이다. 그러나 이것은 평시에 그러한 것이요, 전시에는 한층 더 나아가 오직 집안을 잘 하여서 간접으로 국가에 봉공하는 것으로 충분한 것이 아니라, 직접 국가를 위하여 봉공할 수 있는 가정을 만들도록 힘쓰지 않으면, 전시의 가정으로서의 만전을 기할 수 없는 것이다. … 제2세 국민인고로 비록 내 집에 태어나서 내가 내 손으로 기르기는 하지마는 국가의 보물을 맡았다가 국가에 바친다는 생각으로. … 황군을 양육하는 가정과 그 가정을 맡은 주부는 참으로 엄숙한 자각을 가지고 국가의 큰 임무를 맡지 않으면 안 될 것이다. … 국가와 가정과 개인이 꼭 하나가 되어 움직인다는 것이 얼마나 귀하고 아름다운 것인가를 맛보는 것은 이 전시에 가질 수 있는 특권이라 생각하여 …

_『半島の光』 제57호, 1942. 8, 朝鮮金融組合聯合會, 27쪽

<자료 9> 공동작업공출 포스터

_부산광역시립박물관

〈자료 10〉 1943년 7월 1일 국민총력조선연맹에서 발행한 애국반 제31호

　국민총력조선연맹(國民總力朝鮮聯盟)에서 발행한 애국반(愛國班) 제31호로, '적의 밀정을 주의합시다', '오래 사는 방법', '오라! 해군특별지원병으로', 삽화 등이 실려 있다.

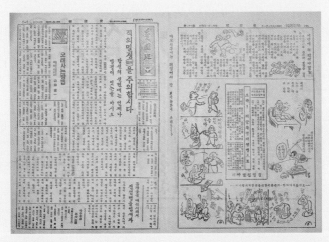

_ 국립한글박물관

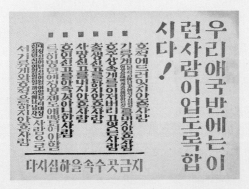

_ 국립중앙박물관

_부산광역시립박물관

〈자료 12〉「총후 신생활 설계」 "精動" 개성부연맹 주최하에 부인좌담회를 개최

정신총동원 개성부연맹에서는 전시경제정책의 강화를 더욱 확고부동하게 함에는 총후부인의 책무가 중대함에 감하여 이것의 생활개선과 소비절약 지원에호 등의 실적을 거양키 위하야 … 생활개선부인좌담회를 개최키로 되었는데 좌담사항은 다음과 같다.

1. 절미혼식대용식에 대하야
2. 통제물자의 절약과 폐품이용품 사용에 대하야
3. 생활개선과 총후부인의 나아갈 길
4. 지원병제도의 보급 주부와 저축

_『매일신보』, 1940. 2. 9

일제 말기 군수물자를 확보하기 위해 각종 놋그릇을 공출하고 대신 지급한 그릇, 중앙에 '供出報國'이라고 적혀 있으며 비행기와 포탄이 그려져 있다.

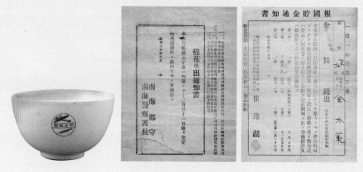

_ 국립민속박물관

보국저금통지서는 비상시국에 기입된 금액을 저금하라고 통지하는 문서이다. 다음은 잡지 및 신문 등에 싣고 있는 저축 관련 구호들이다.

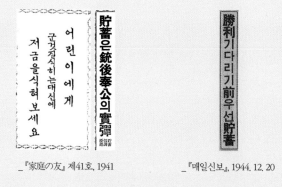

_『家庭の友』 제41호, 1941   _『매일신보』, 1944. 12. 20

각오를 요구하고 이러한 역할을 수행할 것을 강요했다.

『매일신보』1942년 1월 14일 기사에는 저축을 '총후국민'의 의무로 규정하며 가정 내 여성들이 이에 앞장설 것을 요구하는 내용이 게재되었다. "저금은 국가를 위한 것"이라는 1940년 12월 12일『매일신보』기사는 저금조차 개인과 가족을 위한 행위를 넘어 국가를 위한 것으로 생각하도록 강조하고 있음을 보여준다. 저축하는 행위를 마치 국가를 위한 의무인 것처럼 선전하고, 전쟁에 이기기 위해서 저축이 필요하다는 점을 역설하고 있다. 저축을 목표로 삼아 생활해야 한다는 것이다.

저축뿐만 아니라 심지어 반찬 가짓수까지 지적하며 한 가지 반찬을 먹는 습관을 가지라고 종용하기도 한다. 반찬 만드는 데 드는 힘과 시간을 다른 곳에 쓰라는 것이다. 이렇듯 일제는 전쟁을 위해 먹는 것, 입는 것, 가정 살림을 꾸리는 것까지 식민권력의 통제하에 두고자 했다. 이렇게 전시하 가정의 책무 등을 환기시켜 여성들도 이에 동참하도록 했다. 일제는 협력을 내세웠으나 실제로는 놋그릇까지 공출하는 강제적 통제가 이루어지고 있었다.

〈자료 14〉『家庭の友』제18호, 1939, 「절약부인」

(이하 생략)

3

....

파괴적 모성을 강요하다

일제의 여성 교육은 식민지 체제에 순응하는 순종적인 식민지 여성을 양성하는 데 주력했다. 식민통치 초기부터 가정에서 여성의 역할에 주목하여 이를 식민통치에 이용했다. 전시가 본격화되면서 일제는 식민지 조선 여성에게도 다양한 역할을 요구했다. 일제 말기 식민통치에 활용된 어머니의 역할은 '현모(賢母)'에서 '군국의 모(軍國의 母)'로 변화되었다.

일제는 1938년 2월 '육군특별지원병령'을 공포하고 4월부터는 지원병 제도를 실시했다. 1942년 5월에는 1944년부터 징병제를 실시하기로 결정했다. 이러한 배경 속에서 일제는 조선 여성들을 설득하기 위한 논리로 어머니의 역할을 내세웠다. 그러한 역할이 국민의 의무인 것처럼 강조했다. 자식을 낳아 키우는 것에서 전쟁터에 내보내는 역할까지 어머니들에게 요구했다. 전쟁터로 아들을 내보내는 것이 마치 어머니들에게 주어진 의무이자 명예로운 일인 것처럼 선전을 하기도 했다.

〈자료 15〉 내 어머니 한 말씀에 (모윤숙)

오냐! 志願을 해라 엄마보다 나라가

重하지 않으냐 가정보다 나라가 크지 않으냐

생명보다 重한 나라 그 나라가

지금 너를 나오란다 너를 오란다

조국을 위해 반도 동포를 위해 나가라

폭탄인들 마다하랴 어서 가거라

엄마도 너와 함께 네 魂을 따라 싸우리라.　　　_『매일신보』, 1943. 11. 12

〈자료 16〉 영상자료 소개

　한국영상자료원에서 발굴한 일제시대 영화 등은 일제 말기 선전영화의
특징을 이해하는 데 도움이 된다.

　　　　_ 한국영상자료원, 『발굴된과거』 3(「兵隊さん」, 1944), 덕슨미디어, 2009

감독 / 유형	방한준 / 극영화 (조선군보도부, 1944)
출연	이금룡, 전옥, 김일해, 김한
줄거리	제2차 세계대전 말기 조선인 주인공의 집에 소집 통지서가 오고, 청년은 '황군의 병사'로서 기꺼이 국민의 의무를 다하겠다는 의지를 보인다. 부모는 전선으로 떠나는 자식을 바라보며 국민 된 영광을 느낀다. 계속되는 훈련 속에서 청년은 '천황의 적자'가 되어간다는 내용이다.

　　　　_ 한국영상자료원 www.koreafilm.or.kr/library

조선총독부의 기관지라 할 수 있는 『매일신보』의 가정란에는 아들을 훌륭한 군인으로 길러낸 어머니들을 예찬하는 기사가 실렸다. 전쟁에 나 갔다가 죽은 조선인 이수철 어머니의 술회를 기사화했는데 이 기사에서 는 조선에도 '군국의 어머니'가 탄생했다며 자식을 전쟁터에 보낸 어머니 를 미화하고 있다. 자식을 전쟁터에 바치라는 '군국의 어머니'는 충군과 애국을 내세운 파괴적 모성의 상징이라 할 수 있다.

자식을 전쟁터로 보낸다는 것은 자식의 죽음을 각오해야 하는 일이다. 어머니는 자식이 건강하게 자랄 수 있도록 양육하는 보호자이다. 자식 의 건강과 안위를 포기하도록 하는 행위를 종용하고 자식을 잃은 슬픔의 감정조차 전쟁이라는 명분으로 덮어 포장하는 행위는 폭력적이다.

자식을 바치라는 일제의 선전에 당대 친일지식인 여성들도 적극 동조 했다. 박인덕은 "오늘의 반도 여성은 훌륭한 군인의 어머니나 아내가 될 영광스러운 지위를 갖게 되었"다며 자식을 희생시키는 파괴적 모성에 동 참할 것을 주장했다.

특히 징병제 실시에 대해 "황군으로 충군 애국할 기회"라면서 아들이 나 남편들로 하여금 "충군 애국할 기회"를 갖도록 하기 위해서는 어머니 의 역할이 중요하다고 강조하며 "황국(皇國) 어머니"가 될 것을 요구했다. 가정과 개인이 국가의 임무를 수행하는 존재가 되어야 하며, 자식을 "황 군(皇軍)"으로 국가에 기꺼이 내놓을 수 있도록 양육하라는 것이다.

〈자료 17〉「군국의 어머니에게 ①」어떠한 각오를 가져야 할까

··· 군국의 어머님 되신 조선 어머니에게 삼가 몇 말씀을 드립니다. 귀여운 아드님을 씩씩하고도 용감하게 길러 나라에 바치신 군국의 어머님은 이 세상에 나온 보람이 있으십니다. ··· 귀여운 아드님을 나라에 바쳐서 그 몹쓸 악마를 단칼에 무찌르도록 큰 공적을 쌓으셨으니 그 얼마나 정신이 고상하다고 하겠습니까. ··· 그러면 그 몹쓸 악마들을 쳐부스러간 자제님이니 그 얼마나 씩씩하고 용감하고 통쾌합니까. 그런데 넌즈시 알려두리는 말씀은 귀여운 자제를 나라에 바칠 때에 군인의 어머니다웁게 웃음으로 내놓으시지요. ··· 눈물로 보내느니보다 웃음으로 보내는 것이 자제에게는 더욱 용기를 북돋아주는 비결입니다. "아! 우리 어머님은 참으로 훌륭한 어른이시다. 이런 늠름한 어머님의 자식 된 본분을 다하겠다"는 결심이 더욱 용솟음칠 것입니다.

_『매일신보』, 1944. 12. 17

4

··········

가정 밖으로 나오라!

　'국가총동원법' 이후 '여자광부갱내취업허가제', '국민근로보국협력령', '생산증강노무강화대책요강 및 여자정신근로령' 등이 시행되면서 식민지 조선 여성 또한 남성과 같이 각종 산업현장 등에 동원되었다. 1938년 이후 점차 일상적이고 강제된 방식으로 여성에 대한 동원이 확대·강화되었는데 식민지 조선 여성은 국내 광산이나 토목·건설산업 현장뿐 아니라 일본으로 동원되기도 했다.

　1941년 '여자광부갱내취업허가제'를 통해 여광부를 확보할 수 있게 되었고, '국민근로보국협력령'을 통해 16~25세 미만의 미혼 여성을 총동원 업무에 동원할 수 있게 되었다. 다음은 『매일신보』 1941년 12월 20일 「任, 毛 양여사 열변 – 작일의 부인시국강연」이라는 기사의 일부이다.

　부인은 총후를 지키는 굳센 전사다! 1200만 반도 부인은 깊은 시국에 대한 인식과 타는 듯한 총후의 적성을 가슴에 안고 주방에서, 가정에서, 그리고 가두에서 가지가지의 실천을 통하여 우렁찬 진군 □□□려야만 할 때가 왔다. … 가정부인의 시국인식을 철저히 하여 '가정결전체제'를 갖추는 데 이바지하고자 …

친일 여성의 부인시국강연의 내용에서 당시 조선 여성에게 요구한 여성의 역할을 엿볼 수 있다. 여성의 역할을 주방에서 가정으로, 가정에서 가두로 확장하여 "가정결전체제"를 갖추라는 것이다.

노동력 동원 정책이 변화하고 전시 노동이 확대되면서 선전 내용은 전시가정생활을 유지하는 가정부인의 임무를 강조하는 데서 더 나아가 '노동전사'가 될 것을 주장하기에 이른다. 소비절약, 물자생산 확충 등 후방 전시경제활동에서 여성의 역할을 강조하는 것은 물론 광산, 농장 등에서 여성들이 노동을 하는 것은 전쟁을 승리로 이끄는 길이라고 강조했다.

실제 학교에서부터 산업현장, 탄광산에 이르기까지 본격적으로 여성을 노무자로 동원한 사실은 정부조사(일제강점하강제동원피해진상규명위원회)에서 확인되었다. 여성은 일제의 전쟁을 위해 광산이든 산업현장이든 노무자가 필요한 곳이면 어디든 가야 했다. 여성도 남성과 같이 노동현장에서 그 역할을 수행하도록 한 것이다. 이는 단순히 보조하는 수준의 노동이 아니었다.

신문이나 잡지의 글과 그림, 사진 등에는 일제가 의도하는 여러 정책과 논리들이 반영되었다. 조선금융조합연합회의 『半島の光』 제43호(1941. 4) 표지(자료 18)에는 노동하는 여성과 남성을 강렬하게 묘사하고 있다.

표지의 메인은 도구를 들고 일하는 남성의 모습이지만, 그 뒤 배경에는 농촌 부인으로 보이는 여성들이 머리에 두건을 쓴 채 바구니를 들고 근

_ 朝鮮金融組合聯合會, 『半島の光』 제43호(표
지), 1941. 4

로를 하고 있다. 남성의 강렬하고 힘있는 노동의 모습과 그 옆에서 묵묵
히 노동을 하고 있는 여성들의 모습을 통해 여성도 남성과 함께 노동을
해야 한다는 것을 강조한 것이다.

잡지나 신문 등의 매체에서는 노동하는 여성, 전시 여성의 역할 등을
강조하면서 이미지 등을 통해서도 그들이 의도하는 전시 여성상을 전달
하고자 했다.

5

시국 인식의 주입과 '부인계발' 강조

1937년 중일전쟁 발발을 계기로 일제는 식민지 조선을 전시동원체제로 정비해나갔다. 1938년 '국가총동원법'이 발표되고, 1938년 7월에는 이러한 전시동원을 효율적으로 수행하기 위해 국민정신총동원조선연맹(國民精神總動員朝鮮聯盟)을 발족시켰다. 이 운동은 국민정신총동원조선연맹을 정점으로 지방연맹과 지역연맹 그리고 애국반을 배치하여 관의 정책을 더욱 광범위하고 효과적으로 확산시키도록 했다. 이후 1940년 10월 일제는 국민정신총동원운동을 국민총력운동(國民總力運動)으로 변경했다. 국민총력운동은 기본적으로 국민정신총동원운동을 계승하면서 전시동원체제를 더욱 강화하는 역할을 했다.

남성 노동력이 부족해지자 이에 대한 대책의 하나로 공동작업반을 구성하고 부락단위로 부인들의 공동작업을 각도 연맹의 지도하에 실시하도록 했다. 일제는 여성들에게 '옥외노동'이나 '공동작업'을 강조했다. 여성의 노동을 활용하기 위해서는 이들이 조선총독부의 정책에 적극적으로 나서도록 분위기를 조성해야 했다. 이를 위해서 식민당국은 여성들에게 일본 여성과 같은 각오를 가지고 시국에 대한 인식을 철저히 가질 것을 요구했다.

1940년 12월 총력연맹은 각도 연맹에 통첩을 보내 정·동리·부락연맹에 부인부를 설치하게 했다. 총력연맹은 부인운동의 지도기관으로 1941년 부인지도위원회를 설치하고 부인연맹원의 실천요강을 제시했다. 전시경제를 꾸려나가기 위한 가정경제에서의 역할, 인적 자원의 보호를 위한 위생관리 및 심신단련의 방법, 가정방공을 위한 여성의 역할 등을 제시했다.

1941년 4월 정무총감은 '농촌노동력조정요강(農村勞動力調定要綱)'을 각 도에 통지했다. 그 내용에는 '근로정신의 함양·강화를 도모할 것', '농업공동작업을 확충할 것', '전 가정의 노동력 철저를 기할 것' 등이 포함되었다. 농촌 여성들에게는 '부인공동작업반 편성'과 '부인공동작포 확충' 등이 강조되었다.

'공동작업반 구성'은 부인 노동력을 조직하는 중요한 방식이었다. 공동작업반은 전시하 부락연맹 애국반을 단위로 작업별로 편성되는데 여성들은 부인공동작업반이나 남녀혼합작반으로 편성되어 모내기, 보리 베기 등에 동원되었다(자료 19).

1942년 2월 총력연맹은 '부인계발운동요강(婦人啓發運動要綱)'을 발표하고 부인계발운동을 전개하기로 결정했다. 부인계발운동의 목표는 "황국여성으로서 덕을 쌓게 하여 전시하 국가의 요청에 맞추어 부인의 활동을 촉진하는 것"이었다. 일제는 조선 여성들에게 "황국여성"의 역할 논리를

〈자료 19〉 부인공동작업반 보리 베기, 모심기에 대활약

 능률의 앙양이니 이것은 남자로만 된 공동작업반도 있고 부녀자로만 된 공동작업반도 있어 그 활약은 실로 현저한 바 있었다. 특히 부인공동작업반의 활약은 총후의 철석같은 태세를 정비한 것으로 실로 마음 든든하였다. … 남자 노력의 유동에 의한 부족분의 보급대책은 착착 성과를 거하고 있는 터이다. 그럼으로 노력으로 본 증산운동의 전도는 조금도 비관할 것이 업고 차라리 전도는 이등을 유리하게 선도 활약케 함에 의하야 노력 부족이라고 하는 압박은 완화되어갈 것으로 보이엇다. _『매일신보』, 1942. 6. 22

〈자료 20〉 국민총력용강동연맹 부인부결성 기념 근로봉사

國民總力龍岡洞聯盟婦人部結成記念 勤勞奉仕

_일제강점하강제동원피해진상규명위원회, 『강제동원기증자료집』, 2006

내세워 각종 노동에 동원하고자 했던 것이다.

당시 기록을 보면 각 지역에서는 여성 노동력을 활용하기 위해 적극적으로 시책들을 모색했다. 이 시책들은 대부분 "부인의 근로화, 부덕의 함양, 자녀 육성, 전시생활의 쇄신" 등을 공통적인 내용으로 포함하고 있다.

'계발(啓發)'의 사전적 의미는 '슬기나 재능, 사상 따위를 일깨워주는 것'이다. 그러나 일제가 내세운 '부인계발'은 결코 여성의 자기계발을 위한 재능이나 사상 등을 일깨워주는 것이 아니었다. 그것은 "전시하 국가의 요청에 맞는 부인의 활동"을 의미하는 것이었다. 일제의 필요와 목적에 따라 물자를 공출하거나, 저축을 하거나, 공동작업을 하거나, 군인의 위문품을 만들거나 하는 일련의 활동 등이 모두 포함되는 것이었다. 즉 조선 여성에 대한 "부인계발"에는 "전시하 국가의 요청에 따른"이라는 수식어가 전제된 것임을 상기할 필요가 있다.

III

전쟁에 던져진
조선 여성들

1
....
전쟁 수행을 위한 신체 만들기

일제는 전시체제의 유지와 노동력 동원을 위해서 교육정책에도 변화를 도모했다. 1943년 4월 제4차 '조선교육령'이 개정되면서 모든 학교를 교육의 장에서 노동력 편성과 공급의 장으로 전환시켰다.

제4차 조선교육령기 교육 내용 중 여학교 관련 규정 등의 '여성체육'과 관련한 사항은 주목할 필요가 있다. 1943년 3월 27일 총독부령(總督府令) 제59호로 공포된 '고등여학교규정'에서 체조과(體操科)의 명칭은 체련과(體鍊科)로 개칭되었다. 체련과의 지도 목표는 "신체를 단련하고 정신을 연마하여 강건한 심신을 육성하고, 단체훈련에 힘써 황국여자 됨의 실천력을 증진하는 것"이었다. 여학생의 신체단련과 단체훈련을 강조한 것이다.

조선총독부는 1942년 9월 체력장 검정을 전국적으로 실시하기 위해 후생국을 전담부서로 하여 대상, 연령, 종목, 기간, 종류를 마련하고 해당자 전원이 검정을 받게 했다. 체력장 검정은 체력 증강을 도모해 국력의 기초를 배양한다는 목적으로 15~25세(여자는 21세) 남녀를 대상으로 매년 9~11월까지 달리기, 뛰기, 던지기, 운반 등의 기초검정과 수영, 행군의 특수검정으로 나누어 전국적인 단위로 실시했다. 이러한 학교체육은 체력장 검정 종목을 통해 개개인의 수준을 측정하고 대상자로 하여금 체력장 검정 초급 이상을 획득 또는 유지하도록 했다.

특히 여자 체력장 검정은 "장래 건강한 모체이어야 할 여자 청소년의 체력 향상을 도모해 국력의 기초를 배양"하여 동력 동원으로 활용 가능한 여성의 신체를 확보하려는 목적이 있었다.

여자 체력장 검정 종목을 보면 기초검정으로 천 미터 속행(千米, 速行), 승도(繩跳), 단봉 던지기(투척), 운반 100미터, 체조로 구성되었다. 운반의 경우, 방법은 소정의 중량(16kg)을 반으로 나눈 중량물(8kg)을 양손으로 들거나 안고 운반하는 것이다. 단순히 여학생의 체력단련이라 보기 어려운 행군도 실시되었다.

체력장 검정의 기록과 신체검사 기록은 당시 전시체제하에서 동원 대상에 대한 정보를 확보하는 데도 기여했다. 당시 학교는 학생들의 건강 상태, 체력 수준 등에 대한 정보를 학적부에 기재했는데 이러한 정보는 전쟁말기 근로정신대 등 여학생을 동원하는 데 활용되기도 했다.

서울 영희국민학교에 보관되어 있던 학적부에서 해방 전 서울 방산국민학교(폐교, 당시 경성부 제2부 공립소학교)에 재학 중이던 여학생들의 정신대 동원 기록이 1992년에 발견되었다. 정신대로 출발한 날짜, 장소, 동원 경위, 설득 과정 등이 생활기록란에 기재되어 있다. 이는 당시 방산국민학교에 근무하면서 이들을 정신대로 보냈던 일본인 담임교사 이케다(池田正枝)씨가 방산국민학교 졸업생들의 학적부를 위탁 보관해오던 영희국민학교를

〈자료 21〉 사진엽서, 재봉교실, 경성제일공립고등여학교 운동장

裁縫敎室

京城第一公立高等女學校運動場

_ 부산광역시립박물관

방문하여 자신이 직접 작성했던 6명의 학적부를 찾으면서 알려지게 되었다. 정신대로 동원된 여학생들의 학적부 신체상황란에 달리기, 얼굴 상태, 발육 및 영양 상태 등이 기재(『京鄕新聞』, 1992. 1. 15)되어 있었다. 이는 학교를 통해 동원되는 경우, 동원 대상의 노동력 수준을 파악하기 위해 학생의 신체 정보가 이용되었을 가능성을 보여주는 사례라 할 수 있다.

2

근로작업에 동원된 여학생들

일제 말기 학교에서는 남학생, 여학생, 고학년과 저학년 할 것 없이 각종 근로에 동원되었다. 전시기 초반 여학생들은 학교에서 군복 제작을 위한 단추 달기, 방한조끼 제작, 위문대 만들기, 천인침 만들기, 심지어 군인들의 내의와 팬티 등을 만들기도 했다.

이 시기 학교 수업시간에 이루어졌던 노동은 학교 밖 노동으로까지 확대되었다. 전쟁 말기가 되면 학교 수업은 제대로 이루어지지 않았을 뿐 아니라 여학생들을 노무에 동원하는 것이 일상적인 일이 되었다. 주로 학교 단위의 동원이 이루어졌는데 봉사라는 명분을 내세워 근로작업을 수행했다.

경기도 학무과에서는 1938년 6월 30일에 관내 각 남녀중등학교 교장회의를 소집하여 남녀중등학교 4~5학년에 한해 학교근로보국대를 만들도록 결정했다. 그러나 이는 다시 수정되어 남녀중등학교 4~5학년만이 아니라, 저학년까지 참가시키고, 소학교까지 범위를 확대하기로 했다(『朝鮮』, 1938. 7. 15). '학교근로보국대요항'에서는 남녀중등학교 이상 학교근로보국대를 조직하도록 되어 있었지만, 소학교까지 범위를 확대했다.

학교근로보국대의 경우 초반에는 주로 방학 기간을 이용하여 노동을 시키는 경우가 많았으며, 고등여학교 여학생의 경우 교정 청소, 신사 경내청소, 군용피복 재봉작업 등에 동원되곤 했다.

이러한 내용은 학교의 교사(校史) 자료 등에서도 확인되는데, 이러한 활동이 여학교에서 공통적으로 행해졌던 것으로 확인된다. 학교 교사 자료에서 소개된 학사 일정, 학교의 주요 행사를 통해 당시 여학교에서 이루어졌던 활동 등을 엿볼 수 있다. 이를 참고하면 당시 여학생들은 단기적인 작업 외에도 전쟁과 관련한 각종 행사에 일상적으로 동원되었음을 알 수 있다. 예를 들면 출정 병사를 환송하거나, 육군병원을 위문하러 가거나, 해군기념일 기념식에 참여하는 등 각종 군행사 및 위문행사 등에 적극적으로 동원되고 있었다.

1941년이 되면 '근로보국대활동강화요강(勤勞報國隊活動強化要綱)'을 통해 학기 중에도 연간 30일 학생을 동원할 수 있게 된다. 1943년 들어 식량 생산 문제가 심각해지자 국민학생(지금의 초등학생)을 농업 생산에 동원할 계획을 세우기도 했다. 이와 함께 여학생들에게도 '근로봉사'뿐 아니라 '무도수련' 등을 수행하도록 조치된다.

학교는 전쟁을 보조하기 위한 기관으로 전락했다. 당시 인천소화고등여학교의 경우 학교 운동장을 밭으로 조성하여 학년별로 배분해 고구마를 재배하는 등 식량 증산 활동에서 학교가 동원되었다. 학교 단위의 노동은 점차 다양한 형태의 작업으로 분화되었다.

〈자료 22〉 위문대 사진엽서와 위문대

　한복을 입은 여성들이 각종 위문품을 담는 위문대를 만들고 있는 장면
이 인쇄된 엽서

_ 국립민속박물관

　전쟁터의 군인들에게 위문품을 넣어 보
내는 주머니

_ 국립민속박물관

57

〈자료 23〉 센닌바리(千人針)

전쟁에 출정한 군인의 무사귀환과 무운을 기원하며 한 장의 천에 천 명의 여성들이 붉은 실로 한 땀씩 수를 놓은 것이다.

_ 대일항쟁기강제동원피해조사및국외강제동원희생자등지원위원회,
『조각난 그날의 기억』, 2012

당시 여학교 학생이었던 이들의 회고담에는 일제강점기 학교 상황이 잘 묘사되어 있다. 몸빼를 입고 구급주머니를 어깨에 걸치고 다녀야 했던 전쟁 말기 여학생들은 공장 노동, 병원 간호실습 훈련 그리고 군복 단추 달기 등을 하며 학창시절을 보냈다. 당시 학교생활은 학과수업보다 훈련, 위문, 신사참배, 근로 동원이 대부분을 차지했다.

3

'전사(戰士)'가 되어라

전쟁이 본격화되면서 남성 노동력을 대신할 여성 노동력을 확보하기 위해 여성들은 광산으로, 공장 등으로 동원되었다. 기혼 여성뿐 아니라 어린 소녀들도 군수공장 등으로 동원되었다. 국내뿐 아니라 일본으로 어린 소녀들을 동원하기도 했는데 여기에 학교가 적극 개입했다.

일제는 여성들을 노동력으로 활용하기 위해 조선 여성들에게 '전사(戰士)'가 될 것을 요구하며 각종 선전을 했다. 시국에 대한 인식을 철저히 가질 것을 강조하는 한편 전쟁에서의 '전사'처럼 행동해야 한다는 점을 주입하고자 했다. 전쟁의 한복판에 있는 '전사'와 같이 여성들도 노동의 제일선에 나서라는 것이었다.

1942년 『대동아』에 실린 「여성도 전사(戰士)다」라는 선언적인 기사 제목은 여러 의미를 함축하고 있다(자료 24). 이는 여성도 단순히 가정에서만이 아니라 공장 등에 동원될 수 있는 주요 인적 자원이라는 점을 분명히 한 것이며, 여성 노동을 남성 노동력을 보조하는 수준이 아니라 남성을 대체하는 노동력으로 활용하겠다는 의지를 드러낸 것이기 때문이다.

1943년 9월 15일 국민총력연맹 기관지인 『국민총력』의 표지에는 머리띠를 두른 여성이 공장의 기계 앞에서 일에 집중하고 있는 모습이 실려 있다(자료 25). 전쟁 승리를 위해 여성들도 공장에서 노동함으로써 일조해야 한다는 일제의 선전논리를 보여주는 상징적인 이미지이다. 이러한 여성의 모습은 일제가 원하는 전시 여성상 중의 하나였다. 단순히 남성 노동을 보조하는 수준이 아니라 여성들이 노동의 주체가 되어 일제가 원활하게 전쟁 수행을 할 수 있도록 역할을 다해야 한다는 것이다.

조선 내에서 점차 여성 노동력 동원이 강화되고 확대되었는데, 그 대표적인 사례가 여자정신대이다. 여자정신대에 대한 선전과 모집, 미담 등은 당시 신문기사 등에서도 다수 확인된다. 신문에 표현된 언술은 각종 미사여구가 동원되어 현란하기까지 하다. 이러한 표현은 1944년 이후 더욱 노골적으로 드러난다.

여자정신대에 대한 표현을 살펴보면, '싸우는 반도여공', '솔선정신', '장하다', '戰列로 나서라', '애국열로 자진 참가하라', '가정도 나라 있은 뒤에야', '군국여성의 氣魂', '거룩한 황국여성의 손, 생산전에 남자와 동열', '반도처녀들', '증산의 특공대', '특공정신' 등이 있다.

여성을 남성과 동등한 일을 할 수 있는 '거룩한 황국여성의 손'을 지닌 존재로 미화하고 이러한 일을 하는 여성을 장한 여성으로 포장했다(자료 26). 이러한 언술은 여성도 남성과 같은 노동을 할 수 있고, 이에 여성도 전시노동에 적극 임하라는 메시지를 담고 있다.

여자정신대에 대한 기사에서 사용된 단어('戰列', '애국열', '특공정신', '군국여성' 등)

〈자료 24〉「여성도 전사다」

　지금은 여자나 아씨나 마님이나 양반이나 상인이나 가문 문벌 가릴 것 없이 대일본제국의 평등한 국민이면 그만입니다. 가문에서 쫓겨나더라도 나라에서 쫓겨나지 않는 아내 며느리가 됩시다. 전쟁에 나간 남자들을 대신하여 공장이 비었으면 공장으로, 회사가 비었으면 회사로 들어가서 일합시다. … 쌀도, 나무도, 옷도 다 아끼십시오. 나를 위해 아끼십시오. 그러나 나라를 위해서 우리의 목숨만은 아끼지 맙시다. 아들의 생명 다 바치고 나서 우리 여성마저 나오라거든 생명을 폭탄으로 바꿔 전쟁 마당에 쓸모 있게 던집시다.

_『大東亞』 제14권 제3호, 三千里社, 1942. 3. 1, 112~115쪽

〈자료 25〉『國民總力』

_『國民總力』 표지, 1943. 9. 15

〈자료 26〉「거룩한 황국여성의 손, 생산전에 남자와 동렬」

_『매일신보』, 1944. 8. 26

등은 전쟁을 떠올리게 한다. 이러한 용어를 통해 여성들이 하는 노동이 전쟁 수행을 위해 의미 있는 일이라는 점을 부각하고자 했다. 여기에는 전쟁 수행을 위한 노동이므로 개인이나 가정은 국가에 우선할 수 없다는 논리가 전제되어 있다. 그래서 이에 임하는 조선 여성들은 적과 '싸우는' 마음으로 노무를 수행해야 하고, 전쟁에 나간 남성을 대신해 전장이 아 닌 공장에서 적과 '싸우는' 산업전사가 될 것을 강요받았다.

4

##########

군인을 위문(위로)하라

일제는 전쟁에 나가는 군인을 배웅하고 이들이 전쟁에 나가 불안에 떨지 않도록 군인들을 위로할 수 있는 물품인 천인침과 위문대를 전달하도록 했다.

전쟁에 나가는 군인에게 정신적 위로를 하는 것은 여성의 역할로 규정되었다. 일본 여성뿐 아니라 조선 여성들에게도 이러한 역할을 강조하고 이와 관련한 미담을 쏟아냈다. 이러한 역할에 여학생, 부인, 부인단체 등이 앞장서도록 했다. 남성들이 천인침을 만들거나 위문대를 만들었다는 이야기는 어디에서도 들리지 않는다. 이러한 행위는 여성만이 해야 하는 일이었다.

전쟁에 참여하는 군인을 위해 정신적 위로와 위문의 역할을 해야 했던 여성들은 때때로 기차역으로 가서 일본 군인들을 환송해야 했고, 시간을 들여 천인침 등을 만들어 군인에게 헌납해야 했다. 알지도 못하는 군인

<자료 27> 「천인침 헌납」, 두 처녀의 군국 미담

千人針獻納
두處女의軍國美譚

_『매일신보』, 1941. 8. 26

들을 위한 이러한 행위들은 미담으로 포장되었다. 미담을 소개하고 군인을 위한 각종 헌납 등을 구체적으로 알리고 이를 칭송하는 방법이 선전에 이용되었다(자료 27). 이는 후방에서도 전쟁을 적극 지원해야 한다는 인식을 사람들에게 심어주기 위함이었다.

군인을 위한 감사 편지, 감사 선물, 안전을 기원하는 정성 가득한 헌납품 등을 만들고, 쓰고, 전달하는 것은 여성의 몫이었다. 특히 여학생들에게 위문대를 제작하게 하고, 군사 강연을 듣게 하고 전몰장병 고별식에 참석하도록 했다. 이는 일제가 조선 여성의 여성성을 동원한 방식이었다. 여성동원을 위한 선전은 신문 같은 매체를 활용하거나 영화, 친일지식인들을 내세운 강연회 등 가능한 모든 방식을 활용했다.

조선 여성들은 일본 군인에게 어머니의 모정을 느낄 수 있도록 하는 위문 행위뿐 아니라 전쟁에 나간 동생에게 힘이 되어주는 누나 같은 역할을 해야 했고, 때로는 어린 소녀의 순결한 마음과 정성으로 일본 군인들을 감동시켜야 했다.

이뿐만 아니라, 일제는 일본군'위안부'와 같이 조선 여성을 성노예로 동원하기도 했다. 일본 군인의 사기진작이라는 명분을 내세워 점령국의 현지 여성뿐 아니라 조선 여성들을 전쟁의 희생양으로 삼았다. 이는 명백한 전쟁범죄이다. 그러나 여전히 일본은 그들의 범죄를 인정하지 않고 있다.

5

전장의 '백의천사', 종군간호부

전쟁이 본격화될수록 전쟁터에서 병사를 치료할 수 있는 인력을 확보하는 것이 필요했다. 1940년에서 1944년 사이에는 10개 간호학교를 지정했고, 일본적십자사 조선본부를 중심으로 본격적인 종군간호부 교육을 실시했다.

1940년에는 평양 해군공제조합병원부속 간호부 산파 양성소, 1942년에는 원산 구세병원 부속 간호부 양성소가, 1943년에는 성진 고주파병원 부속 간호부 양성소, 부립목포병원 간호부 양성소, 경성 적십자병원 산파양성, 1944년에는 인천 육군 조병창 육군병원간호부 양성소, 청진 적십자병원 간호부 양성소, 조선 인조석유회사 부속병원 간호부 양성소, 경성여자의학전문학교 부속의원 간호부 양성소, 그리고 일본 제철주식회사 청진제철소병원 부속 간호부 양성소가 새롭게 지정되었다. 1942년부터는 적십자간호본부에서 종군간호부 일행을 파견했다.

1938년 이후 간호 인력을 확보하기 위해 관련 법령을 개정하고 조선 여성을 대상으로 한 종군간호부 모집도 1943년 이후 본격화되었다. 1943년과 1944년 일본적십자 조선본부에서는 임시구호간호부를 모집했다.

조선총독부는 간호부의 공급을 늘리기 위해 간호부의 면허 발급 연령을 점차 낮추었다. 일반 여학생 대상의 간호교육도 확대되어 1944년 12월 1일에는 일반 여학교에서도 면허 간호부를 배출할 수 있도록 했다. 조선총독부는 신문이나 잡지 등을 통한 선전을 계속하면서 학교를 통해서도 여성 모집에 적극적으로 나섰다.

종군간호부와 관련한 당시 신문기사를 살펴보면, 1937년에는 종군간호부에 '지원'한 이들에 대한 기사가 주로 게재되고 있었고, 1938년 이후부터는 종군간호부 '모집'과 관련한 내용이 주로 기사화된다. 신문 등에서는 '백의의 천사', '국가에 봉임하는 일하는 여성' 등으로 종군간호부를 이미지화하며 모집 선전을 했다.

그러나 당시 종군간호부 모집도 '처녀 공출'의 하나로 인식되었기 때문에 간호부 모집은 조선인의 호응을 얻지 못했다. 종군간호부 지원 유인물을 본 아버지가 딸에게 학교를 그만두라고 할 만큼 당시 여성을 대상으로 한 모집은 두려움부터 불러일으켰기 때문이다.

종군간호부 모집과 지원을 위한 기사에서는 종군간호부를 '백의천사', '진중에 피는 꽃', '전장의 백합화', '전선의 천사들', '천사부대' 등으로 표현하고 있다(자료 28, 자료 29). 이러한 표현은 '순결하고, 아름답고, 깨끗한, 젊은 여성'의 이미지를 연상시킨다.

일제시기 간호부는 전문직 여성으로 근대적 이미지의 여성상을 가지고 있었다. 그런데 전시기 종군간호부 모집에서 보이는 이미지는 이와 달

〈자료 28〉 「전장의 백합화 백의의 천사」 훈련 쌓는 종군간호부

　　포연탄우속에서 병사들에 못지안케 조국을 위하야 활약하는 갸륵한 백
의의 천사들은 전장에 피는 순정의 백합꽃이라 불러도 좋다. 적십자병원 뒤
뜰에서는 오늘도 깜정양말에 깜정목구두 하이안 간호복을 입은 150여 백
의의 천사들이 백합꽃의 행진처럼 실전에 방불한 담가훈련을 봄하늘 아래
전개시켰다. …　　　　　　　　　　　　　　　_『매일신보』, 1941. 3. 23

〈자료 29〉 진중에 피는 꽃들

_『매일신보』, 1945. 1. 12

랐다. '반도처녀', '군국처녀' 등과 같이 '처녀'라는 표현을 사용하며, '젊
고 아름다운 여성'의 '위로'와 '위안'을 강조했다. 종군간호부 모집에 사용
된 언술들은 대체로 남성들에게 '위안', '위로', '위문'을 위한 존재로서 여
성을 표상했다. '젊고 아름다운 여성'의 이미지를 종군간호부에게도 투영
했다. 전문직 여성으로서의 이미지는 거의 드러나지 않고 있다. 종군간호
부에 대한 선전은 여성성을 강조한 이미지가 노골적으로 드러난다는 점
이 특징이다.

　　여성성을 강조한 선전과 함께 모집을 위해 "우리 여성들은 한 사람도
빠짐없이 총동원하여" 남성들을 지원해야 한다거나, 전쟁터의 제일선에
"백의천사"로 나아가야 한다고 선동하기도 했다(자료 30).

IV

일제의 기만적
선전과 동원, 그리고
끝나지 않은 이야기

1

....

현지시찰보고회·편지·수기에 감춰진 진실

조선 여성에 대한 노무동원이 본격화되면서 신문 등에서는 여자근로 정신대 등으로 동원된 여성들의 미담에 관한 기사도 등장한다. 일제는 이들 여성처럼 여성들이 현장으로 나가서 일을 해야 한다는 주장을 노골적으로 드러내기 시작한다.

여성의 편지들을 소개하며 조선총독부 관료가 읽고 감동을 받았다는 내용을 소개하기도 했다. 이러한 편지 등은 경험자의 이야기를 통해 다른 여성들도 이에 동참할 것을 호소하는 방식이었다. 여성들도 전쟁을 위해 일정한 역할을 해야 한다는 논리를 편지나 수기 등을 통해 자연스럽게 드러내는 것이다. 또한 여성들이 일하는 공장과 장소가 부모가 걱정하지 않을 정도의 환경을 가진 곳이고, 안전하게 머물 수 있는 장소라는 것을 간접적으로 선전하는 방식이기도 했다.

'여자정신근로령'이 공포·실시되기 이전부터 『매일신보』에는 여자정신대보고회, 여자근로정신대의 근황 등과 관련한 좌담회 기사가 실렸다. 또한 해당 지역(도)의 관련 부서(노무과), 학교장 등으로 구성된 현지시찰단이 일본 군수공장을 둘러보고 온 후기에 대한 보고회 개최 안내까지 신문에 소개했다.

현지시찰단 구성을 보면 여자근로정신대 동원에 해당 도(道)의 노무과와 학교가 관여하고 있다는 것이 드러난다. 여자정신대 모집과 관련한 『매일신보』 1945년 1월 24일자 기사를 통해서도 어떤 기관 등이 여성동원에 관여했는지 알 수 있다.

인천부 근로동원과에서는 총후여성으로 하여금 이 시국을 깊이 인식하고 산업전열에 결연히 이러나서 교적적멸을 위한 비행기 증산에 나설 여자정신대를 이달 말부터 모집키로 되었다. 그런데 희망자는 출신 학교나 또는 부근로과에 지원하여주기를 바란다고 한다.

'이길 때까지는 화장도 不要 반도여자정신미담', '여자정신대현지보고회', '자진해서 나섰소 적성의 소녀 정신대원', '길이 멀어 애탈 뿐 안심하고 보낸다', '경성, 인천 출신 정신대 합동장행회', '여자근로정신대의 근황 말하는 좌담회', '고향의 처녀들도 오라 여자정신대원이 열렬한 편지와 함께 헌금기탁' 등의 신문기사를 통해 여자근로정신대에 대한 관심의 정도를 알 수 있다. '미담', '자진', '안심', '근황', '숙열' 같은 단어들을 사용해가며 여자근로정신대에 대해 긍정적인 이미지를 전달하고자 했을 뿐만 아니라, 이를 통해 적극적인 선전을 하고 있다.

『매일신보』 1944년 6월 24일 기사에는 당사자들은 정신대로 희망하기를 바라는데 부모들이 허락하지 않아 못 가는 사람이 있다고 지적하고 있다. 이에 대해 어머니들이 정신대에 대한 인식을 철저히 하고 자진하여 봉공할 길을 열어주어야 한다고 주장한다. 이렇듯 여자정신대와 관련한 선전은 미담 소개부터 부모들을 설득하고자 하는 것까지 다양한 내용이 포함되었다.

이와 함께 정신대원의 편지와 감상평, 현지보고회 등은 식민당국의 주장을 정당화하기 위한 주요 소재로 활용되었다. 현지시찰보고회, 편지, 수기 등에 소개된 내용 등에는 지원하게 된 배경, 여성 노동이 필요한 이유와 중요성 그리고 노동현장으로 나가라는 도식화된 표현들이 소개된다. 일제는 편지, 보고회, 좌담회, 감상평, 수기 등 다양한 형식과 소재 등을 이용하여 전쟁의 진실을 숨기면서 다양한 계층에게 호소하는 방식으로 선전을 전개했다.

〈자료 31〉 「熱烈! 증산의 氣魄」 광공국장에 온 여자정신대원들 편지

　　광공국장님, … 저희들은 이곳에서 겨우 반년밖에 안 되었사오나 내지의
풍습도 약간이나마 배우고 일도 이제는 익숙하게 되엿나이다. 그리하여 지
금까지 조선 부인들이 너무나 일을 하지 않는 것을 부끄럽게 생각하였나
이다. 이곳에서는 모든 사람이 실로 잘 일하고 조금이라도 나라에 도움이
되게 하고저 성심성의껏 일하고 있습니다. … 국장님께서 말씀하신 바와 같
이 조선 부인들이 일하지 않는다는 나쁜 풍습을 저희들은 저희들의 일로서
깨끗이 씻어버리려고 하나이다. …
　　　　　　　　　　　　　　　　　　　　　　　_『매일신보』, 1944. 12. 30

2

'정신대는 징용이 아니다'라는 언술의 이면

동원의 근거인 '여자정신근로령'은 1944년 8월 23일에 공포·실시되어 여성동원을 위한 법적 근거가 되었다. 그러나 실제 조선에서는 이 영이 공포되기 이전부터 '여자정신대'에 지원할 것을 종용하고 있었다. 일제가 적극적으로 여성동원을 추진하면서 학교나 동원을 담당하는 부서 등에서도 여자근로정신대 모집에 적극적으로 개입했다.

『매일신보』에는 여자정신대에 응모하거나 자원한 여성을 소개하는 기사가 실렸고, 여성도 노동현장으로 나가야 한다는 논리의 기사가 반복적으로 언급되었다. 그리고 지원하는 여성을 칭송하는 방식도 활용되었다.

각 지역의 지원 여성들에 관한 미담뿐 아니라 이들에 대한 장행회(壯行會: 장한 뜻을 품고 먼 길을 떠나는 사람의 앞날을 축복하고 송별하기 위한 모임)를 열어 조선인들에게 관심을 환기시키고자 했다. 방송국에서는 실황을 녹음하여 방송하기로 하는 등 여자근로정신대에 대한 관심을 불러일으키고자 했다.

이러한 선전에도 불구하고 조선인들은 일제에 의한 동원, 특히 정신대 모집 등에 매우 민감하게 반응했다. 왜냐하면 당시 사람들은 정신대에 대해 여성에 대한 징용으로 받아들였기 때문이다. 정신대 이야기는 일제강점기를 경험한 사람들의 구술에서 공통적으로 들을 수 있다. 결혼을 하지 않은 사람은 정신대로 뽑혀간다는 이야기, 정신대로 가지 않기 위해 결혼을 서둘렀다는 이야기(자료 32), 여학생이 정신대로 끌려갈 것을 걱정하여 부모님이 학교를 그만두게 한 후 급히 혼인을 시켰다는 이야기 등이 그러한 예이다.

중일전쟁 이후 조선에는 일제가 '유언비어'라고 칭한 온갖 소문이 등장했다. 전쟁 상황에 대한 이야기부터 여성동원과 관련한 내용에 이르기까지 소재는 다양했다. 조선총독부 경무국의 『조선불온언론취체집계서(朝鮮不穩言論取締集計書)』에는 유언비어를 유포한 사람에 대한 처벌 내용이 기재되어 있다. 일제가 '유언비어'라고 칭한 수많은 정보들 가운데 여자 동원과 관련한 내용도 확인된다. 조선임시보안령 위반으로 처리된 다음의 사례를 보자.

전금순(田錦順) 25세, 조선임시보안령 위반 1943. 2. 22. 기소유예

1943년 1월 15일 함흥에서 함남 장진군 북면 이상리로 향하는 도중 여객 자동차 내에서 동승 중인 이름 불명의 조선인(氏名不詳鮮) 부인 4명에게 "강원도에서는 17, 18세가 되는 처녀 중에서 곱고 아름다운(綺麗) 사람을 뽑아 무리하게 전쟁하는 곳으로 보냈기에 15, 16세가 되는 처녀는 한창 때 결혼식을 거행하고 있다"는 취지의 방언(放言)을 하여 조선임시보안령 위반으로 처리됨

_ 朝鮮總督府警務局, 『朝鮮不穩言論取締集計書』, 1942

〈자료 32〉

　… 그 일본 정치 때 지긋지긋하게 그렇게 살았어. 그렇게 세상에 나는 그 일본 정치 때도 쪼금이라도 큰 애들은 다 잡아간다고. 일본 모집 데려간다고 그런게로 인자 열일곱 살 먹은 게 데려간다고 그레 쌓고, … 막 시집 안 간다고 떼썼어. 나이도 어리고, 너무 막내고 그런디 그냥 시집 안 간다고 그런게. 우리 어머니가. '그래도 딸을 다 여우고 너만 남았는데 막내 하나 있는 놈을 모집, 저 일본 사람들이(사람들한테) 어떻게 모집 보내냐'고 '그냥 가라'고 (처녀들) 잡아갈때여. 그러찮으믄 잡아간다고 어쩔 수 없다고 그래서 …

_ 한미옥, 『서순례 1927년 1월 23일생』, 눈빛, 2007, 38~39쪽

〈자료 33〉 「徵用과는 다르다 나가자　　〈자료 34〉 「內鮮一體强化와 女子挺
　　　女子挺身隊」　　　　　　　　　　　身隊에 協力」

_『매일신보』, 1944. 6. 4　　　　　　_『매일신보』, 1944. 6. 10

유언비어를 유포했다는 이유로 처리된 이 사례는 단순 노무동원에 대한 내용이라기보다, 아마도 일본군'위안부' 동원과 관련 있는 것으로 보인다. 당시 일본군'위안부' 동원 방식을 볼 때 이러한 소문은 사실에 가까운 정보였을 가능성을 배제할 수 없다. 일제는 이러한 사실들이 조선인들에게 유포되는 것을 우려했다.

1944년 6월 10일 다나카 다케오(田中武雄) 정무총감은 "내선일체 강화와 여자정신대 협력"이라는 제목의 담화를 발표했는데, 이 담화에서 여자정신대에 대해 언급했다. '여자정신대'는 "절대로 징용이 아니고 부모와 본인의 불타는 애국열에 호소하야 당국이 권장하야 모집하는 것"이라고 설명했다. 식민당국도 당시 조선인들이 여자정신대를 여자 징용으로 받아들이고 있다는 점을 인지하고 있었다.

『경성일보』 1944년 4월 17일 기사에서도 "최근 부인을 노무자로서 징용한다는 소문에서 결혼을 급히 서두르는 경향이 있다라고 들었지만 부인의 징용은 결코 행해지지 않는다"라며 소문을 부인하고자 했다. 이는 당시 조선인들 사이에 이러한 소문이 얼마나 광범위하게 퍼져 있었는지 보여주는 대목이다. 강한 부정의 언술 이면에 여성동원의 실상이 오히려 역설적으로 드러난다.

식민당국의 부인에도 불구하고 당시 조선인들에게 '여자정신대'는 여성에 대한 징용으로 받아들여지고 있었다. 1940년대 이후 많은 여성들이 동원되었고 주변에는 이를 경험한 이들이 실재했다. 이를 토대로 일제의 여성동원 방식은 조선인들 사이에서 공유되고 있었다. 그래서 딸을 가진 부모들은 딸을 일찍 결혼시키는 것이 유행처럼 퍼졌던 것이다. "징용과는 다르다, 나가자 여자정신대"(자료 33)는 일제의 언술을 조선인들은 그대로 믿을 수 없었다.

3

##########

거짓된 선전논리 속 동원된 소녀들

일제 말기 여성 노무동원 사례로 가장 많이 알려진 것은 앞서 언급한 조선여자근로정신대이다. 정부조사를 통해 조선여자근로정신대로 동원된 피해자의 동원 과정과 동원 장소 등에 대해서는 어느 정도 밝혀졌다. 조선여자근로정신대로 동원된 여성의 사례들은 조선 여성들이 어떠한 배경 속에서 어떠한 과정을 거쳐 동원되었는지 구체적인 상황을 보여주는 자료이자 증거이다.

정부조사를 통해 조선여자근로정신대로 동원된 여성들의 경험과 기억을 담아낸 구술자료집에는 일본 도쿄아사이토 누마즈공장, 미쓰비시 나고야항공기제작소, 후지코시 도야마 공장으로 노무동원된 23명의 이야기가 담겨 있다.

그 가운데 1927년생 주금용은 전남 나주 대정국민학교 재학 중 1945년경 도야마현 후지코시 강재주식회사 도야마 공장으로 동원되었다.

… 일본놈들이 와갖고, 하도 좋다 해서 … 그래갖고 첫 새벽에 캄캄한데, 며칠날 간다고 해갖고, 나는 어린 맘이라도 우리 집이 아무것도 없이 가난한께로, 공장에 가서 일이라도 해갖고 돈이라도 벌어야 쓰것다. 어린 맘이라도 그런 맘을 묵고 내가 간다고 갔어. 그랬더니 우리 어매 아버지가 얼마나 울고, 아주 난리였어. … 기한도 없고, 무조건 좋다고 끌고 갔응께로 …

_『조선여자근로정신대 그 경험과 기억』, 일제강점하강제동원진상규명위원회구술자료집, 2008, 515~518쪽

주금용의 이야기에는 당시 조선 여성들이 놓여 있던 처지, 그리고 이러한 상황을 이용한 일제의 동원 방식과 선전논리가 드러난다.

정영자(가명)는 1930년생으로 경북 달성군 논공국민학교를 졸업한 후 1944년 4월경 도야마현 후지코시 강재주식회사 도야마 공장에 동원되었다. 역시 학교를 통해 동원되었다.

… 선생이 뭐, 거 가면 참 좋다고 마. 여 뱅기[비행기], 베아링 이거 맨드는데 뭐 일본 구경도 하고 좋다 이케이께네. 꾐에 놀리가지고 갔지. …

_『조선여자근로정신대 그 경험과 기억』, 일제강점하강제동원진상규명위원회구술자료집, 2008, 282~283쪽

학교 선생님과 교장뿐 아니라 헌병, 해당 도, 회사 모집인 등 다양한 기관들이 여성들을 군수공장으로 보내는 데 씨실과 날실처럼 연계되어 있었다.

학교를 다니며 배움에 대한 열망을 가졌던 소녀들은 공장에서 일하면서 공부도 할 수 있다는 이야기와 그곳에서 공부하면 학교 졸업장을 준다는 선생님과 학교장의 설명을 사실로 믿었다. 학생들에게 이러한 설

〈자료 35〉「군국의 어머니에게 ③」

　귀여운 따님을 정신대로 보내신 어머님에게 한말씀드리고자 합니다. 오늘날에는 귀여운 따님을 일터로 내놓으시와 전쟁하는 데 필요한 일을 남자 못지않게 하여 나가게 되었습니다. 함마[해머]를 쥐고 무쇠를 두드리고 비행기폭탄 등 무기를 만드는 여자도 있고 보급수송에 일을 보는 여자도 있고 부상받은 장병을 간호하는 여자도 있어 다 각기 맡은 직분을 충실히 하는 정신대를 생각할 때에 우리는 어떠한 감상이 나겠습니까. 오로지 일억군이니 한몸덩이가 되야 … 이제부터 남녀동으로 차별 없이 나서 나라를 위하여 일하게 된 그 광영을 기뻐하지 않으면 아니될 것입니다. …

_『매일신보』, 1944. 12. 19

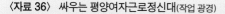

〈자료 36〉 싸우는 평양여자근로정신대(작업 광경)

_『매일신보』, 1944. 4. 19

득이 통하지 않으면 선생님 등 학교 관계자가 가족을 상대로 협박을 하기도 했다.

1940년대 이후 여자정신대에 대한 선전 내용을 보면 여자정신대로 지원하는 것이 마치 국가를 위한 충성스러운 국민이 되는 기회인 것처럼 언급되고 있다. "나라를 위해 일하게 된 광영"이라는 표현 속에는(자료 35) 전쟁을 위해 나서라는 구호가 강조될 뿐이다.

일제는 이렇듯 거짓 선전으로 어린 소녀들까지 노무에 동원하여 전쟁을 위한 군수물자를 생산하는 데 이용했다.

4

....

그녀들은 말할 수 없었다

일제 말기 식민지 조선 여성들에 대한 동원 문제가 본격적으로 다루어진 것은 얼마 되지 않았다. 일제는 패전 후 많은 기록들을 의도적으로 폐기했다. 조선총독부의 기록 가운데 많은 것들이 소실되었다. 비단 자료의 문제뿐만은 아니었다. 남성 피해자들과 달리 여성 피해자들은 그들의 피해 사실이 가족에게, 이웃에게 드러나는 것을 두려워했다. 동원되었다는 사실로 인해 또 다른 상처를 받을 수 있기 때문이었다. 한국 사회에서 피해 사실을 밝히는 것은 큰 용기가 필요한 일이었다.

1990년대 초 김학순 할머니가 자신의 피해 사실을 알리면서 일본군'위안부' 문제가 제기되었고 여성동원에 대한 연구자들의 관심이 본격화되었다. 이후 정부조사에 의해 노무동원되었던 여성들에 대한 실태가 밝혀지면서 일제 말기 여성동원의 전체상이 조금씩 드러나기 시작했다. 문헌 자료가 많지 않은 가운데 정부조사에 의해 확보된 구술자료는 전시기 여성동원의 실태 및 일제의 선전 방식 등을 파악하는 데 주요한 자료가 된다. 그녀들의 목소리 전부를 들을 수는 없지만, 말할 수 없었던 그녀들의 이야기는 구술자료집을 통해 들어볼 수 있다.

양금덕은 1931년 2월 28일 전남 나주에서 태어났다. 나주 대정국민학교(현 나주초등학교) 6학년이 된 지 얼마 되지 않아 1944년 5월 학교 교장과 헌병이 일본에 가서 일하면 돈도 벌 수 있고, 여학교에도 보내준다고 말했다. 물론 집에 돌아와 부모님께 그 이야기를 했을 때 부모님은 안 된다고 노발대발했다. 그래서 학교 교장에게 부모님이 반대를 하신다고 이야기했지만 지명을 받았는데 가지 않으면 경찰이 아버지를 잡아갈 것이라는 협박을 들었다. 그녀는 일본에 가지 않으면 아버지가 잡혀가지 않을까 하는 마음에 일본 나고야 미쓰비시중공업 도토쿠(道德) 공장으로 가게 되었다.

양금덕은 공장에서 주로 신나 또는 알코올로 비행기 부품의 녹을 닦아내고, 그 위에 페인트칠을 하거나 줄칼로 다듬고 부품을 절단하는 일을 했다. 키가 작은 13세 소녀에게 비행기의 기체, 날개 등에 페인트칠을 하는 것은 버겁고 고통스러운 중노동이었다. 그녀는 광복 후 고향으로 돌아와 어린 자식을 일본에 보내고 밤잠을 이루지 못했던 부모님을 만날 수 있게 되었다. 그러나 일본 공장으로 갔던 모든 여성이 그녀처럼 무사히 돌아올 수 있었던 것은 아니었다. 사고나 재해로 사망하여 돌아오지 못한 여성도 있었고, 부상으로 장애자가 되어 돌아온 경우도 있었다.

한국으로 돌아온 후 양금덕은 여러 차례 혼담이 오갔지만 근로정신대 출신이라는 이유로 거절당했다. 피해자였음에도 불구하고 자신의 경험에 대해 침묵해야만 하는 상황에 직면했다.

… 일본의 패전으로 우리들은 해방이 되어 귀국했습니다. … '몸을 더럽힌 여자'라는 오해를 받고 번번이 혼담이 깨졌습니다. 상대쪽에서 마을 사람들한테 조사를 하여 정신대 출신이라는 것을 알게 된 것입니다. 이렇게 혼담이 깨지기를 세 차례나 경험했습니다. …

_ 양금덕 소송 제기 이유서-제1차 소장 / 『법정에 새긴 진실』, 선인, 2016, 229~230쪽

　동원되었던 사실을 결혼 후 남편이 알게 되어 버림을 받은 여성도 있고, 자식들에게조차 근로정신대였다는 사실을 알리지 않고 정부조사 이후에도 여전히 알리고 싶어 하지 않는 피해자도 있다.

　광복 후에도 피해 여성들은 일제에 의해 동원되었던 사실로부터 자유롭지 못했다. 그런 그녀들이 큰 용기를 내어 수십 년간의 침묵을 깨고 피해자로서 목소리를 냈다. 그러나 그 이후에도 그녀들은 여전히 끝나지 않은 전쟁을 하고 있다. 가해국인 일본과 일본 기업이 여전히 잘못을 인정하지 않고 있기 때문이다. 노무동원을 했던 일본 기업을 상대로 소송을 한 피해자들도, 성노예로 동원되었던 여성들도 고령으로 하나둘 세상을 떠나고 있다. 그러나 전시 여성동원 문제는 여전히 현재진행중이다.

　여성동원 피해 사실조차 말할 수 없었던 사회적 분위기 속에서 그들은 숨죽이며 살아야 했다. 한국 사회의 가부장적 문화 속에서 이중의 고통을 겪었던 것이다. 결혼을 할 때도, 아이를 키울 때도 그리고 노년이 된 지금도 여전히 다수의 피해 여성들은 그들의 피해 사실을 감추고 싶어 한다. 그들의 잘못이 아님에도 말이다.

　정부조사로 밝혀진 바에 따르면, 일제는 아동까지 노무동원을 했다. 소녀, 소년들까지 군수공장과 산업현장 등으로 내몰았던 것이다. 특히 어

린 소녀들을 동원하기 위한 일제의 방식은 기만적이고 폭력적이었다. 피해자 가운데는 당시 12, 13세에 불과한 이도 있었다. 소녀라고 부르기에도 어린 아동이었다. 그런데 그 아동은 노인이 된 지금까지 자신의 이야기를 끝내지 못하고 있다.

....

나가며

전쟁 도구가 된 식민지 조선 여성들

일제강점기 조선 여성들은 기존의 가사노동 이외에도 아버지, 배우자, 아들 등 가족 내 남성들의 부재로 인한 가족의 부양까지 책임을 져야 했다. 식민수탈로 인해 농촌의 삶은 생존 그 자체가 위협받는 상황이었다. 조선의 여성들은 궁핍과 빈곤 속에서 가정을 유지하기 위해 가사노동뿐 아니라 생산활동, 부업 등 생존을 위한 노동에 시달려야 했다. 경제적 빈곤으로 인해 농촌을 떠난 여성들 역시 열악한 노동환경, 저임금 등 착취구조에서 벗어나지 못했다.

일제는 전쟁이 본격화되면서 식민지 상황으로 인해 궁핍과 착취구조 하에 있던 조선의 여성들을 유휴노동력으로 판단하고, 선전을 통해 동원논리를 구체화해나갔다. 선전은 『매일신보』와 같은 신문, 잡지를 활용하거나, 친일지식인 여성을 내세운 강연회나 좌담회 그리고 선전영화 등을 통해 이루어졌다.

선전에서 조선의 여성들은 전쟁의 후방에서 근검절약, 저축, 공출, 헌금, 허영심 경계 등 전시가정경제 정비의 역할을 강요받았다. 일제는 모성 담론을 통해 조선의 여성들에게 자녀를 양육하여 국가에 바칠 것을 종용하고, '시국 인식의 철저', '애국열', '전사', '총후봉공' 등을 전쟁을 위해 조선 여성이 갖추어야 할 태도라 끊임없이 주입하려 했다. 일제는 여성동원의 실상을 감추고, 일부 여성의 이야기를 헌신과 미담으로 포장했다.

이러한 일제의 선전은 동원 정책을 통해 식민지 여성동원으로 이어졌다. 농촌의 여성들은 부인회 및 부인단체를 통해 각종 근로에 동원되었다. 일제는 전쟁이 본격화되면서 전시가정경제의 주체로 여성을 강조하며 조선 여성들이 가정 밖으로 나올 것을 종용했다. 이어 '국가총동원법'을 위시한 각종 법령과 정책을 통해 조선 여성들을 동원했다. 조선 여성들은 군수품 생산의 보조업무만이 아니라 광산 및 산업현장, 토목공사장 등에도 동원되었다.

일제는 전시체제기에 들어서면서 교육의 장(場)인 학교를 노동력 편성과 공급의 장으로 전환하며 본색을 드러냈다. 체육 교육과 체력장 등을 통해 여학생의 체력 강화를 도모하고, 근로정신대 동원 등을 위해 인력에 대한 기록을 관리했다. 학교는 노무 작업이 이루어지는 곳일 뿐 아니라 여학생들을 조선여자근로정신대로 차출하는 통로이기도 했다.

전쟁이 본격화되면서 일제는 전쟁에 나가는 군인을 위문·위로하는 것을 여성의 역할이라고 강조하고, 군인 환송과 헌납품 제작을 강요했다. 심지어 납치, 취업 사기 등을 통해 조선 여성을 성노예로 동원했다. 조선 여성들은 전쟁의 희생양이 될 수 밖에 없었다.

일제 말기 여성에 대한 동원은 단순 노무동원에서 성동원까지 여러 방식으로 이루어졌다. 일제는 전쟁 수행을 위해 식민지 조선 여성에게 전시 여성의 역할을 규정했을 뿐 아니라 각종 노무에 여성을 동원했다. 남성만이 아니라 식민지 조선 여성들도 일제의 전쟁 도구로 철저히 이용되었던 것이다.

참고문헌

- 『每日新報』, 『京城日報』, 『京鄉新聞』.
- 朝鮮總督府, 『朝鮮』.
- 朝鮮總督府, 『調査月報』.
- 朝鮮總督府, 『朝鮮總督府統計年報』.
- 國民總力聯盟, 『國民總力』.
- 朝鮮勞務協會, 『朝鮮勞務』.
- 『平安南道 府尹郡守會議報告書綴』, 1942.
- 朝鮮金融組合聯合會, 『半島の光』.
- 京城日報社, 『朝鮮年鑑』.
- 三千里社, 『大東亞』.
- 朝鮮日報社, 『朝光』.
- 朝鮮農民社, 『朝鮮農民』.
- 朝鮮放送協會, 『放送之友』.
- 朝鮮總督府警務局, 『朝鮮不穩言論取締集計書』, 1942.
- 朝鮮總督府 內務局 社會果, 『昭和15年 勞務資源調査に關する件』, 1940, 국가기록원.
- 朝鮮日報社, 『女性』.
- 慶南女高六十年史編纂委員會, 『慶南女高六十年史』, 1987.
- 가와가오루(河かおる), 김미란 옮김, 「총력전 아래의 조선 여성」, 『실천문학』, 2002 가을.
- 가와모토 야야, 「한국과 일본의 현모양처 사상: 개화기로부터 1940년대 전반까지」, 『모성의 담론과 현실』, 나남, 1999.
- 강이수, 「근대여성의 일과 직업관」, 『사회와 역사』 65, 2004.
- 곽건홍, 『일제의 노동정책과 조선노동자: 1938~1945』, 신서원, 2001.
- 국무총리소속대일항쟁기강제동원피해조사및국외강제동원희생자등지원위원회, 『들리나요-열두소녀의 이야기』, 2013.
- 국무총리소속대일항쟁기강제동원피해조사및국외강제동원희생자등지원위원회, 『CAN

YOU HEAR US?』, 2014.

• 근로정신대 할머니와 함께 하는 지원모임 엮음,『법정에 새긴 진실』, 선인, 2016.

• 김경옥,「총력전체제기 일본의 여성노동정책과 인구정책의 상관성에 관한 연구」, 숙명여자대학교 일본학과 석사학위논문, 2008.

• 김미정,「전시체제기 조선총독부의 여성노동력 동원정책과 실태」, 고려대학교 한국사학과 박사논문, 2015.

• 김미정,「한국내‘일본군’위안부 연구동향」,『군위안부문제 연구에 대한 검토와 과제』, 고려대학교 국제학술대회자료집, 2007.12.

• 김미현,「조선총독부의 농촌여성노동력동원 – ‘옥외노동’논리를 중심으로」,『역사연구』13, 2003.

• 김욱영,「1920~30년대 한국 여성잡지의 모성담론에 관한 연구: ‘신여성’, ‘신가정’, ‘여성’을 중심으로」,『스피치와 커뮤니케이션』, 한국스피치커뮤니케이션학회, 2003.

• 김윤미,「근로보국대 제도의 수립과 운용(1938~1941)」, 부경대학교 사학과 석사학위논문, 2007.

• 김인호 역,『반도의 총후진』, 조선군사후원연맹, 국학자료원, 2015.

• 김혜경,『식민지하 근대가족의 형성과 젠더』, 창작과비평사, 2006.

• 손환,「일제강점기 조선의 체력장검정에 관한 연구」,『한국체육학회지』제48권 제5호, 2009.

• 淑明女子中·高等學校,『淑明七十年史』, 1976.

• 안자코유카,「조선총독부의 ‘총동원체제’(1937~1945) 형성정책」, 고려대학교 한국사학과 박사학위논문, 2006.

• 안태윤,『식민정치와 모성』, 한국학술정보, 2006.

• 여순주,「일제말기 조선인여자근로정신대에 관한 실태연구」, 이화여자대학교 여성학과 석사학위논문, 1994.

• 와카쿠와 미도리,『전쟁이 만들어낸 여성상: 제2차 세계대전 하의 일본 여성동원을 위한 시각 선전』, 소명출판, 2011.

• 이꽃메,『한국근대간호사』, 한울아카데미, 2002.

- 李萬烈·金英喜,「1930·40년대 朝鮮 女性의 존재 양태」,『國史館論叢』89輯, 2000.
- 이승규,「近代 身體文化 形成과 日帝強占期 學校體育」, 고려대학교 체육학과 박사논문, 2013.
- 이학래,『韓國近代體育史』, 지식산업사, 1990.
- 仁川女子高等學校總同窓會,『仁川女高百年史』, 2009.
- 일제강점하강제동원피해진상규명위원회,「'조선여자근로정신대'방식에 의한 노무동원에 관한 조사」, 2008.
- 전미경,「1920~30년대 현모양처에 관한 연구」,『한국가정관리학회지』22, 한국가정관리학회, 2004.
- 全州女子高等學校同窓會,『全州女子高等學校六十年史』, 1986.
- 田中壽美子編,『近代日本の女性像』, 社會思想史, 1978.
- 정혜경,『아시아태평양전쟁에 동원된 조선의 아이들』, 섬앤섬, 2019.
- 조경달 지음, 최혜주 옮김,『식민지 조선과 일본』, 한양대학교 출판부, 2015.
- 進明女子中高等學校,『進明七十五年史』, 1980.
- 한미옥,『서순례 1927년 1월 23일생』, 눈빛, 2007.
- 한국여성연구회,『한국여성사-근대편』, 풀빛, 1992.
- 한국영상자료원,『발굴된과거』3, 덕슨미디어, 2009.
- 한국정신대문제대책협의회,『일본군 위안부 문제의 진상』, 역사비평사, 1997.
- 한일여성공동역사교재 편찬위원회,『여성의 눈으로 본 한일 근현대사』, 한울아카데미, 2011.

찾아보기

・ㄱ・

가정결전체제 45

가정부인 31

간호교육 67

『경성일보』 79

공동작업 24, 47, 50

공출 32, 38, 50, 89

국가총동원법 16, 18, 44, 47, 89

국민근로보국협력령 21, 44

국민정신총동원조선연맹(國民精神總動員朝鮮
聯盟) 47

『국민총력(國民總力)』 47, 60, 61

군국여성 60

군국의 모 40

군국의 어머니 42, 43, 82

군국처녀 69

근로보국대 16, 24

근로보국대활동강화요강(勤勞報國隊活動强化
要綱) 56

근로정신대 86, 89

김학순 84

・ㄴ・

노무과 29

노무자원조사 18, 19

논공국민학교 81

농촌노동력조정요강(農村勞動力調定要綱) 48

・ㄷ・

다나카 다케오(田中武雄) 79

『대동아』 59

・ㅁ・

모성 28, 30

미담 64, 72, 74, 76

미쓰비시 나고야항공기제작소 80

・ㅂ・

半島の光 45

반도처녀 69

방산국민학교 53

백의의 천사 67~69

보건과 29

보고회 74

부인계발운동요강(婦人啓發運動要綱) 48

부인공동작업반 48, 49

부인지도위원회 48

・ㅅ・

생산증강노무강화대책요강 21, 44

성노예 65, 86
센닌바리(千人針) 58
수기 74

· ㅇ ·

아동애호주간 29
애국반 47, 48
양금덕 85
여자광부갱내취업허가제 18, 44
여자정신근로령 21, 72, 76
여자정신대 60, 73, 74, 76, 79, 83
영희국민학교 53
옥외노동 24, 47
위문대 55, 57, 63, 64, 69
위안 69
유언비어 77, 79
유휴노동력 18, 88
육군특별지원병령 40
이수철 42
이케다(池田正枝) 53
인천소화고등여학교 56
일본군'위안부' 65
일본 나고야 미쓰비시중공업 도토쿠(道德)
  공장 85
일본 도쿄아사이토 누마즈공장 80

일본적십자사 조선본부 66
임시구호간호부 67

· ㅈ ·

장행회(壯行會) 76
전사(戰士) 59, 61
전시가정생활체제 24
정신대 77
조선교육령 52
조선금융조합연합회 45
『조선불온언론취체집계서(朝鮮不穩言論取
  締集計書)』 77
조선여자근로정신대 80, 89
조선임시보안령 77
종군간호부 66~69
주금용 80
지원병제도 40
징병제 40, 42
징용 77, 79

· ㅊ ·

처녀 공출 67
천인침 55, 63, 64
총력연맹 48
총후국민 38

• ㅎ •

학교근로보국대 55, 56

학교근로보국대요항 56

학적부 53, 54

헌금 32, 89

헌납 64

후생국 28, 29

후지코시 강재주식회사 도야마 공장 80, 81

일제침탈사 바로알기 10
일제 말기 여성동원 선전논리

초판 1쇄 인쇄 2021년 3월 24일
초판 1쇄 발행 2021년 3월 31일

지은이   김미정
펴낸이   이영호
펴낸곳   동북아역사재단

등 록   제312-2004-050호(2004년 10월 18일)
주 소   서울시 서대문구 통일로 81 NH농협생명빌딩
전 화   02-2012-6065
팩 스   02-2012-6189
홈페이지 www.nahf.or.kr
제작·인쇄 역사공간

ISBN   978-89-6187-622-3 04910
         978-89-6187-482-3 (세트)